ANNALES DU MUSÉE GUIMET

BIBLIOTHÈQUE DE VULGARISATION, TOME 41

CONFÉRENCES

FAITES

AU MUSÉE GUIMET EN 1914

R. Cagnat, Temples et sanctuaires romains.
R. Dussaud, La grande déesse chypriote.
A. Moret, Les statues d'Égypte, «images vivantes».
V. Goloubew, Le Kaïlâsa d'Ellora.
R. Petrucci, Les peintures bouddhiques de Touen-Houang (Mission Stein).
R. Cordier, La question des rites chinois.
E. Pottier, Les origines de la caricature dans l'antiquité.

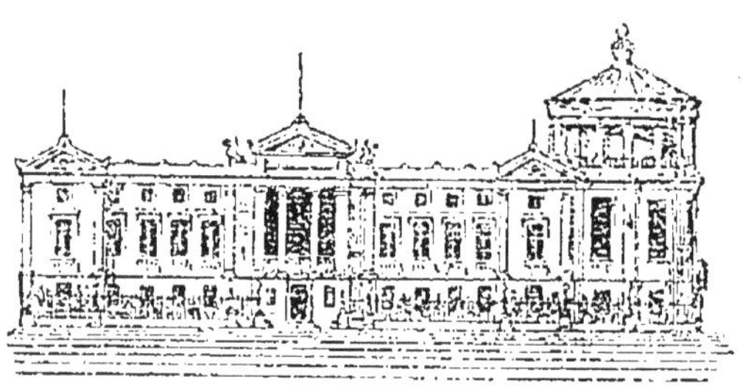

PARIS

IMPRIMERIE NATIONALE

LIBRAIRIE HACHETTE ET Cⁱᵉ
79, BOULEVARD SAINT-GERMAIN, 79

MDCCCCXVI

ANNALES DU MUSÉE GUIMET.

BIBLIOTHÈQUE D'ART.

Li-Long-Mien (Lévy et Cie, éditeurs)............................ 4o fr.
Okoma, roman japonais, illustré, par F. Regamey (Plon, Nourrit et Cie,
éditeurs)... 20 fr.
Si-Ling (E. Leroux, éditeur)................................... 4o fr.
La Peinture chinoise au musée Guimet, par Tchang Yi-Tchou et J. Hackin
(P. Geuthner, éditeur)................................. 12 fr. 5o
Les Portraits d'Antinoé, par E. Guimet (Hachette et Cie, éditeurs). 2o fr.

ERNEST LEROUX, ÉDITEUR,

RUE BONAPARTE, 28.

ANNALES DU MUSÉE GUIMET.

REVUE DE L'HISTOIRE DES RELIGIONS.
1880-1916.

71 volumes in-8°.. 725 fr.

ANNALES DU MUSÉE GUIMET.

GRANDE BIBLIOTHÈQUE.
SÉRIE IN-4°.
33 volumes.

Derniers volumes parus :

XXVIII, XXIX. **Histoire de la Sépulture et des Funérailles dans l'an-
cienne Égypte**, par E. Amélineau, I et II. 2 tomes in-4° illustrés et accompagnés de 112 planches.................................... 6o fr.
XXX. **Notes sur Antinoé.** In-4°, figures dans le texte, 24 planches hors
texte... 39 fr.
XXXI. Première partie : **Si-Ling.** Étude sur les tombeaux de l'Ouest de la
dynastie des Ts'ing par le commandant Fonssagrives. Un beau volume in-4°,
illustré de gravures et planches en noir, en chromotypographie et en chromo-
lithographie.. 3o fr.
Deuxième partie : **Le Siam ancien.** Archéologie, épigraphie, géogra-
phie, par Lucien Fournereau. Seconde partie. In-4°. 48 planches..... 3o fr.
XXXII. **Catalogue du musée Guimet. Galerie égyptienne.** Stèles, bas-reliefs,
monuments divers, par A. Moret. In-4°, 66 planches en un carton. 25 fr.
XXXIII. **Catalogue du musée Guimet. Cylindres orientaux**, par L. Dela-
porte. In-4°, 10 planches.................................. 12 fr.

ANNALES DU MUSÉE GUIMET

BIBLIOTHÈQUE DE VULGARISATION, TOME 41

CONFÉRENCES

FAITES

AU MUSÉE GUIMET EN 1914

ANNALES DU MUSÉE GUIMET

BIBLIOTHÈQUE DE VULGARISATION, TOME 41

R. CAGNAT
TEMPLES ET SANCTUAIRES ROMAINS
R. DUSSAUD
LA GRANDE DÉESSE CHYPRIOTE
A. MORET
LES STATUES D'ÉGYPTE, «IMAGES VIVANTES»
V. GOLOUBEW
LE KAILASA D'ELLORA
R. PETRUCCI
LES PEINTURES BOUDDHIQUES DE TOUEN-HOUANG (MISSION STEIN)
R. CORDIER
LA QUESTION DES RITES CHINOIS
E. POTTIER
LES ORIGINES DE LA CARICATURE DANS L'ANTIQUITÉ

Conférences faites au musée Guimet en 1914

PARIS

IMPRIMERIE NATIONALE

LIBRAIRIE HACHETTE ET Cᴵᴱ
79, BOULEVARD SAINT-GERMAIN, 79

MDCCCCXVI

CONFÉRENCES

AU MUSÉE GUIMET

EN 1914.

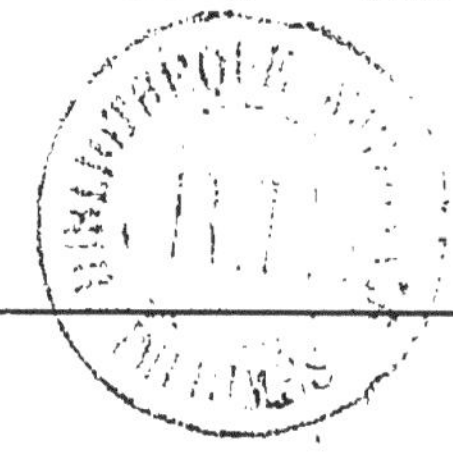

TEMPLES

ET SANCTUAIRES ROMAINS,

PAR

M. R. CAGNAT.

Les Romains n'ont point toujours adoré leurs
dieux dans ces beaux temples ornés de colonnes et
de riches sculptures que les bas-reliefs nous représentent et dont nous avons gardé tant d'exemples
encore debout, souvent élégants, plus souvent impo-
sants. Chez eux, comme chez tous les peuples au
début, le plus ancien instrument du culte a été
l'autel. C'est, en effet, l'autel qui forme l'élément
essentiel de toute cérémonie religieuse antique, de
tout sacrifice sanglant ou non. A l'origine, cet autel

est un tertre de gazon, un tas de pierres accumulées l'une sur l'autre. Les poètes nous le disent : quand les Troyens et les Rutules devant les murs de Laurentum se préparent au combat, entre les deux armées, suivant Virgile, sont « des feux sacrés et des autels de gazon pour les dieux communs aux deux peuples ». Les monuments figurés nous le montrent aussi. L'usage s'en conserva longtemps à la campagne et nous en retrouvons le souvenir, même à l'époque impériale, dans certaines cérémonies de rite archaïque. Sur des autels de pierre ou de métal, on plaçait du gazon, en mémoire du temps passé.

Vous savez que le culte desservi par les frères Arvales remontait à une haute antiquité; ils célébraient chaque année, trois jours durant, la fête de la déesse Dia, une vieille divinité champêtre. Le second jour, parmi les cérémonies que leurs actes nous signalent, on trouve la suivante : « Revenu dans le tétrastyle, le président s'assit sur les bancs; puis retournant à l'autel il offrit les viscères du cochon de lait; après quoi, dans le cirque, il offrit les viscères de la vache sur un réchaud d'argent orné de gazon. »

Ces autels primitifs n'étaient pas destinés, pour l'ordinaire, à subsister au delà du sacrifice en vue duquel ils avaient été élevés. Quand on sentit le besoin d'établir des autels plus durables, on dut les constituer en matériaux moins rudimentaires. Un des plus anciens autels que la piété romaine ait connu est l'autel d'Hercule, au pied de l'Aventin. Il passait pour être l'œuvre d'Hercule lui-même, célébrant ainsi sa victoire sur le brigand Cacus. « L'homme tombe, dit Ovide, et vomit de la fumée mêlée à son sang ; sa large poitrine frappe durement la terre ; il meurt. Un de ses taureaux, Hercule te l'immole, ô Jupiter ; puis il appelle Evandre et ses rustiques compagnons. Pour lui-même il élève un autel qu'on appelle l'*Ara maxima,* dans le quartier de Rome qui tire son nom du mot « bœuf » (*forum boarium*).

Celui de Consus, auprès duquel on célébrait les fêtes appelées *Consualia,* le 12 des Calendes de septembre, remontait aussi aux temps antéhistoriques. Comme Consus était un dieu de la moisson, des greniers où l'on enfermait la récoltes (*condere*), et que les grains étaient conservés sous sa protection dans des silos et des souterrains, son autel était caché sous terre et on ne le découvrait qu'aux jours de sacrifice.

Naturellement la piété romaine entretenait ces autels avec le plus grand soin, les réparait, les rebâtissait au besoin; aussi est-il à peine utile de dire que les restes parvenus jusqu'à nous ne remontent pas aux âges reculés où le culte fut établi. Malgré leur jeunesse relative, ils n'en sont pas moins précieux.

Il est possible que nous ayons conservé une partie de l'*Ara maxima* dans de grandes substructions de tuf noyées dans les fondations de l'église de Santa Maria in Cosmedin. Leur masse était beaucoup plus importante au viiie siècle; mais à l'époque du pape Hadrien, on craignit de les voir s'écrouler sur la diaconie dont elles occupaient le chevet, et on les jeta à terre.

Parmi les autels que les Romains avaient élevés de bonne heure, on peut citer encore celui de Pluton et de Proserpine. Lors des travaux que l'on exécuta pour percer le cours Victor-Emmanuel, on en retrouva des débris très reconnaissables. L'origine de cet autel remonte aux temps primitifs de la ville. A cette époque, la partie nord-ouest du Champ de Mars présentait encore des traces d'activité volcanique. Il existait là une mare appelée *Tarentum* ou *Terentum*, alimentée par des sources sulfureuses, favorables aux malades : on disait que le Sabin Valerius y avait conduit son fils pour le sauver de la peste; de l'eau chaude, puisée à la mare, amena la guérison. Des vapeurs lourdes sortaient de terre, éclairées par des langues de flamme. La localité en reçut la qualification de *Campus ignifer,* « champ de feu ». C'était un lieu tout désigné pour un monument consacré aux dieux infernaux ; des jeux y furent, en outre, donnés périodiquement en l'honneur de Pluton et de Proserpine.

En 1888, à l'endroit où l'on pouvait penser que se trouvait le *Tarentum,* on découvrit une triple enceinte appuyée sur un mur de fond commun ; et dans celle du milieu, un grand autel de marbre, reposant sur une plate-forme de 4 mètres de côté, à laquelle on accédait par trois ou quatre marches. Derrière le mur courait un canal, large de 3 mètres environ. Quand l'autel primitif avait été remplacé par celui-là, on avait canalisé les sources pour ne pas priver les patients de l'eau salutaire à laquelle ils avaient pris l'habitude de demander le retour à la santé.

Ce qui caractérise ces autels, c'est qu'ils n'étaient pas réunis à un temple ; ils se suffisaient à eux-mêmes et constituaient tout le sanctuaire. Naturellement, l'espace au milieu duquel ils s'élevaient était limité par une barrière quelconque, en métal ou en pierre, qui les isolait de la foule et les défendait contre la profanation. Nous venons d'en voir un exemple à propos de l'autel de Pluton et de Proserpine.

Il aurait été naturel que l'usage d'édifier ainsi des autels en dehors de toute chapelle cessât quand on se mit à bâtir des temples. On n'y renonça pourtant pas tout à fait, même à l'époque impériale.

Quand l'empereur Auguste revint de ses campagnes de Germanie et de Gaule, sous le consulat de Ti. Nero et de P. Quintilius, « le Sénat, lit-on sur le monument d'Ancyre, décida qu'il serait élevé, pour célébrer son retour, dans le Champ de Mars, un hommage à la Paix Auguste, sur lequel les magistrats, les prêtres et les vierges vestales feraient un sacrifice annuel ». On sait aujourd'hui, à la suite de fouilles faites en 1903, qu'il était enveloppé d'un gros mur d'enceinte quadrangulaire de 10 mètres sur 15, percé de deux entrées à l'Est et à l'Ouest. Ce mur de marbre présentait intérieurement et extérieurement une série de bas-reliefs. Au-dessus de gracieux festons formés par des guirlandes de fruits et de fleurs se développaient des scènes empruntées à l'histoire de Rome et à la mythologie, des processions, des sacrifices ; c'est un des plus beaux produits de l'âge d'or d'Auguste. De l'autel lui-même, il n'a été rien retrouvé (pl. I, 1).

Je vous citerai encore un autel, ou plutôt une

série d'autels élevés en différents endroits de Rome
en souvenir de l'incendie qui dévora une grande
partie de la ville au temps de Néron. A la suite de
ce désastre, les citoyens affolés firent vœu de célébrer annuellement des sacrifices expiatoires sur des
autels élevés spécialement à cette intention, peut-
être dans les quatorze régions de la ville. Chose
singulière, le vœu resta durant vingt ans sans effet ;
on ne l'accomplit que sous le règne de l'empereur
Domitien. Le spécimen qui nous a été conservé
provient du quartier du Quirinal. La place où il
était établi était limitée de distance en distance par
des cippes et close par des balustrades ; on en voit
encore les scellements. L'autel, haut de 1^m26, avait
3^m25 de largeur sur 6^m25 de longueur ; la plate-
forme sur laquelle il reposait et où l'on accédait par
deux marches ne mesurait pas moins de 8 mètres
de longueur (pl. I, 1).

Dans tous les exemples qui viennent d'être cités,
il n'existait ni statues divines, ni chapelles ; le culte
se célébrait indépendamment de toute représentation de divinité. Pourtant, dans la plupart des
cas, les autels n'étaient que les annexes d'un sanctuaire. Celui-ci pouvait, à la vérité, être extrêmement simple et réduit au minimum. Le dieu pouvait
être figuré par une petite statuette ou par une

peinture murale. Tel est le cas d'un édicule situé à Rome, sur la voie de Porto, à 4oo mètres de la porte, extérieurement. Là était creusée dans le roc une petite niche, surmontée d'un fronton; dans le tympan était représentée une massue avec deux vases. La niche contenait deux figurines d'Hercule. Au pied de la niche, appuyée contre le rocher, on a trouvé, en place, une table d'offrande à laquelle on accédait par deux marches; en avant, deux petits autels dédiés au dieu (pl. I, 2). C'est aussi le cas de toutes ces chapelles des dieux protecteurs de la maison ou des rues et des carrefours qui ont été signalées à Pompéi. Sur la muraille à laquelle l'autel est adossé étaient peints soit deux gros serpents, personnifications du Génie local, soit les dieux Lares, soit même d'autres divinités.

Mais en général, on peut le dire, les autels se plaçaient dans les temples et dans les sanctuaires, intérieurement, pour servir de brûle-parfums ou de tables de libation, ou extérieurement. Sur les autels extérieurs, on immolait les victimes et on les brûlait. En pareil cas, l'autel devient un accessoire; le principal est l'édifice où il se trouve, le temple.

La forme du temple romain est le résultat de la double influence à laquelle Rome fut soumise :

influence grecque et influence étrusque; du mélange des deux sortit un type de temple intermédiaire, qui fut celui des édifices religieux d'Italie et ensuite du monde entier aux premiers siècles de notre ère.

On sait que le temple grec antique était regardé comme le logis d'une divinité où elle habitait sous la forme d'une statue, où elle recevait le culte auquel elle avait droit et les offrandes de ses adorateurs. « De même que le dieu grec était figuré à l'image de l'homme, de même sa demeure était imitée de la partie affectée aux réceptions dans une maison grecque. Comme il convenait, on avait pris modèle sur ce qu'il y avait de mieux dans le genre, sur le *mégaron* du palais mycénien, par rapport auquel la filiation du temple hellénique apparaît évidente et directe... L'essentiel d'un temple se réduisait à une salle (naos, sêkos, adyton, *cella*), au fond de laquelle se trouvait l'effigie divine, parfois en une place isolée par une balustrade. Pour mobilier, un autel, des tables, des instruments cultuels et des objets de prix, offrandes propitiatoires ou votives.

« Le naos formait un parallélogramme généralement allongé. Presque toujours il était orienté d'Est en Ouest, l'entrée étant au levant. C'était une règle qu'il surmontât une *krêpis*, c'est-à-dire un socle à lui concentrique, plus ou moins élevé, sur plan rectangulaire, dont la plate-forme débordait sa base et dont les faces étaient profilées normalement en gradins, rarement d'aplomb. Presque toujours l'accès du sanctuaire était retardé par l'addition d'un vestibule appelé *pronaos* ou *prodromos*. » [1] Ce *pronaos*, de quelque façon qu'il fût composé, avait un certain développement ; mais la règle, à l'époque classique, est qu'il ne dépassât pas la moitié de la longueur totale du monument.

Le temple toscan, que Vitruve a décrit en détail, était quelque peu différent. Orienté du Sud au Nord, il reposait sur un socle accessible seulement par un escalier antérieur ; les autres côtés étaient tranchés verticalement. Son plan donnait un rectangle très voisin du carré, puisque la profondeur totale en était des 6/5e de sa largeur ; dans le sens de la longueur, il était divisé en deux parties égales : la première, antérieure, constituait un vestibule à colonnades, l'autre la *cella*. Celle-ci comprenait trois chambres juxtaposées, la divinité étrusque étant faite de trois personnes, Tina, Cupra et Minerva, qui devinrent la triade Capitoline. La colonnade du

---

[1] Fr. Benoit, *L'Architecture (antiquité)*, p. 270 et suiv.

vestibule pouvait soit être limitée à la partie antérieure du temple, soit se continuer par deux colonnades latérales qui venaient buter contre un mur de
fond, prolongation à droite et à gauche de la face
postérieure de la *cella*.

C'est du mélange de ces deux conceptions archi-
tecturales que sortit le temple romain.

Il était haussé sur une plate-forme, mais celle-ci
n'était pas entourée des quatre côtés par des degrés,
ainsi que cela se passait en Grèce ; on n'y accédait
que par un escalier antérieur, comme chez les
Étrusques. Par contre, suivant la tradition grecque,
la forme de la *cella* était généralement assez allon-
gée : la longueur normale devait être double de la
largeur. On a pourtant des exemples de la disposition contraire, par exemple le temple de la Concorde,
sur le Forum romain.

Théoriquement, comme en Grèce, le temple
devait être orienté suivant une ligne E.-O. ; mais, à
cet égard, il ne faut pas oublier que, pour tracer
l'axe de leurs temples, les Romains visaient l'endroit
où le soleil se levait le jour de la fondation du
monument ; l'orientation n'était donc plus absolument exacte le reste de l'ánnée. Pourtant, là encore,
il y avait des exceptions. « Si rien ne s'y oppose, a
écrit Vitruve, le temple et la statue qui sera placée

dans la *cella* devront être tournés vers la région du ciel qui est au couchant, afin que ceux qui s'approchent de l'autel pour immoler ou faire un sacrifice regardent l'orient et la statue du temple et qu'ainsi, en présentant leurs vœux, ils aient sous les yeux à la fois l'édifice et le levant ; et qu'à leur tour les statues semblent jeter les yeux sur ceux qui supplient et sacrifient ; attendu qu'il paraît être nécessaire que tous les autels des Dieux semblent regarder vers l'orient. Mais si la nature du lieu est contraire, alors on changera les conditions d'orientation de l'édifice. . . et si les sanctuaires des Dieux sont voisins des voies publiques, on les placera de telle sorte que les promeneurs puissent apercevoir leurs images en passant, et leur faire leurs salutations. »

Les temples romains ne comportaient pas, d'ailleurs, obligatoirement une colonnade antérieure ; ils pouvaient se composer exclusivement d'une *cella* plus ou moins développée ; de même que la colonnade était plus ou moins imposante. Vous savez que, selon le nombre des colonnes et leur disposition en avant ou autour de la *cella*, les temples recevaient les épithètes de prostyle, périptère, pseudopériptère, etc. Ce sont des détails trop techniques pour que je puisse y insister aujourd'hui. Quelques exemples suffiront à fixer vos idées.

Voici d'abord un plan assez simple, le temple de César au Forum romain. Les soubassements seuls subsistent aujourd'hui; mais grâce aux fragments retrouvés, on a pu en faire une restitution complète. Il avait été construit à l'endroit même où le corps de Jules César avait été brûlé après son assassinat; sur l'emplacement du bûcher on avait élevé d'abord une colonne de marbre et un autel : Auguste les fit remplacer par un temple. L'édifice reposait sur une haute base de blocage recouvert d'un revêtement de marbre et formant plate-forme. L'extrémité de cette plate-forme s'avançait sur le Forum et formait une tribune, les rostres Juliens. La partie antérieure en était creusée en demi-cercle, encadrant l'autel primitif; de chaque côté étaient encastrés les éperons de navires pris par Auguste à la bataille d'Actium. Deux escaliers placés à chaque angle permettaient de monter au temple et donnaient accès en même temps à la tribune (pl. II, 1).

La colonnade antérieure, composée de six colonnes, était d'ordre composite. Au fond de la chapelle s'élevait une statue de César, une comète sur le front, celle qui était apparue un peu avant sa mort.

Dans ce temple, la série des colonnes ne se prolongeait pas de chaque côté de la *cella*. Il en était souvent autrement : certains sanctuaires étaient entourés de colonnades. Nous en trouverons un spécimen au Forum même, à deux pas du temple de César, dans le temple de Vénus et Rome.

C'est une création de l'empereur Hadrien, le grand bâtisseur qui remit à la mode, pour l'architecture, les types grecs. On s'en aperçoit au premier coup d'œil : le soubassement où s'élève l'édifice est garni de tous côtés par des degrés. Au centre, deux *cella*, terminées au fond par des niches circulaires, étaient accolées l'une à l'autre, la porte de la première étant tournée vers l'Est-Sud-Ouest, l'autre vers l'Ouest-Nord-Ouest; elles contenaient, l'une la statue de la déesse Rome, l'autre celle de Vénus. L'entrée de chaque sanctuaire était décorée de quatre colonnes corinthiennes; la colonnade extérieure comptait dix colonnes de face et vingt de côté (en faisant entrer deux fois les colonnes d'angle dans le calcul).

Il est évident qu'un temple ainsi enveloppé de colonnades était d'un puissant effet architectural; mais, en même temps, le prix de construction devait monter très haut. Aussi, pour se tirer d'affaire à meilleur compte, pour donner l'apparence de la richesse, avait-on inventé un procédé ingénieux.

Les colonnes latérales, au lieu d'être détachées et reliées au mur de la *cella* par un plafond décoré, n'étaient que des colonnes engagées, plaquées contre la muraille ; de loin, elles donnaient l'illusion d'une colonnade véritable. La France nous en fournit un type bien caractérisé. La « Maison Carrée » de Nîmes (pl. III) remonte à la même date que le temple de Jules César : elle fut bâtie par Auguste en l'honneur de ses petits-fils adoptifs Agrippa, Caius et Lucius Césars. La conservation excellente de la construction avec son fronton, sa frise, son soubassement, en font un exemple parfait de temple romain à fausse colonnade latérale.

A côté des temples rectangulaires, les Romains ont connu une autre forme de sanctuaires, la forme ronde. Elle n'était pas ignorée des Grecs ; mais elle a reçu surtout son développement à l'époque romaine. Servius nous apprend que des temples de cette sorte convenaient surtout aux déesses Vesta et Diane, aux dieux Hercule et Mercure. En réalité, le temple rond est surtout un souvenir de l'antique cabane italique de forme circulaire, telle que nous la montrent les ossuaires découverts dans les nécropoles d'Albe et de Rome. Pour Vesta, en particulier, on s'explique aisément la filiation. Aux époques très reculées où les hommes n'avaient pas encore trouvé le moyen de faire jaillir aisément la flamme, chaque village devait posséder une cabane spéciale où le feu public était conservé sous la surveillance des femmes. De là le caractère sacré de la fonction et le culte de Vesta, la déesse de la flamme. Quand un édifice de pierre succéda à la hutte de roseaux primitive, on conserva la forme antique, devenue rituelle; ainsi arriva-t-il sur le Forum romain, pour le temple de Vesta. Vitruve nous apprend que le temple rond admettait deux variétés : le temple sans *cella* et le temple à *cella*. Le premier se composait seulement d'une colonnade circulaire reposant sur une plate-forme; nous n'en avons pas gardé d'exemple; le second est un sanctuaire clos, une rotonde, entourée d'un portique circulaire. C'est ce dernier type qui nous a été conservé. Vous connaissez tous le charmant temple de Tivoli qu'on appelle vulgairement «Temple de la Sibylle» (pl. IV) : c'est un monument de l'époque de Sylla. Le sanctuaire consiste en une chambre ronde avec porte et deux fenêtres élégantes à droite et à gauche; tout autour se développe un portique de vingt colonnes corinthiennes, au-dessus desquelles court une frise élégante. Le tout était couronné d'une coupole terminée jadis par un fleuron. Au même type appartenait le fameux temple de Vesta, sur le Forum romain, dont il n'existe plus que le noyau central de blocage, mais qu'on peut reconstituer d'après les documents figurés qui nous sont parvenus; comme aussi le temple du *forum boarium* qu'on a appelé « Temple d'Hercule »; comme aussi un temple circulaire très ornementé, existant encore à Baalbek (pl. II, 2), et bien d'autres qu'il serait trop long d'énumérer.

Dans la même catégorie il faut faire rentrer le temple de Romulus, fils de Maxence, qui est devenu l'église des saints Côme et Damien, et le Panthéon d'Agrippa. On sait aujourd'hui que ce bel édifice ne date pas, comme on l'avait cru, de l'époque d'Auguste, mais du temps de l'empereur Hadrien. Il se compose d'une immense rotonde de brique, recouverte à l'intérieur comme à l'extérieur de placages de marbre et éclairée par une ouverture circulaire percée au centre de la coupole; mais on y accède par un *pronaos* de six colonnes, avec triple rangée de colonnes en profondeur. La première rangée seule, que surmonte la dédicace au nom d'Agrippa, remonte à la période augustéenne et a été conservée dans la restauration ultérieure; on croit que le temple primitif ressemblait, comme forme, à celui de la Concorde sur le Forum; il aurait compté dix colonnes de face, dont deux auraient disparu lors des remaniements opérés au temps d'Hadrien.

L'éclairage de la *cella* des temples était assez primitif. En principe elle ne possédait pas d'autre ouverture que la porte d'entrée; le jour ne lui venait
que par là. On a pourtant quelques exemples de fenêtres ménagées dans les murs latéraux; ou bien
encore on laissait ouverte au-dessus de la porte une
baie demi-circulaire, formant arc de décharge, qui,
restant toujours béante, permettait à la lumière de
pénétrer dans le sanctuaire, même quand la porte
était fermée.

Il n'était pas rare que dans la plate-forme qui
servait de soubassement au temple, sous la *cella* aussi
bien que sous les *pronaos*, fussent disposées des
chambres. On y conservait les archives du sanctuaire
et des prêtres qui y étaient attachés, le trésor de la
divinité, les ustensiles divers qui servaient au culte
et à ses ministres.

L'autel où l'on offrait les sacrifices n'était point
placé dans le *pronaos*, mais en avant de l'escalier qui
y donnait accès; pour l'ordinaire il reposait sur le
sol de la place qui précédait le monument. Des
exemples très caractéristiques nous sont fournis
par les temples de Pompéi, celui d'Apollon, celui
de Vespasien, celui de Zeus Milichius. Pourtant,
lorsque le temple s'élevait sur un forum où le
long d'une rue, il était impossible, sans gêner la cir-

culation, de procéder de telle sorte. On avait alors
recours à un compromis. Le temple de la Fortune
Auguste à Pompéi nous en montre une application.
L'escalier était divisé en deux parties par un palier ;
à la partie inférieure il n'existait de marches qu'à
droite et à gauche ; au centre s'étendait un petit mas-
sif de maçonnerie formant plate-forme : c'est là qu'on
établissait l'autel.

Les temples orientaux et les temples grecs étaient
fort souvent enfermés dans une enceinte, plus ou
moins développée, qu'on nommait péribole, qui était
la propriété du dieu et qu'un mur de clôture séparait
du terrain profane voisin. Les Romains ont parfois
adopté cette disposition. C'est ainsi qu'à Rome même
l'*Area Capitolina*, dont la surface couvrait environ
15.000 mètres carrés, était entourée sur ses quatre
faces d'un mur auquel était adossé un portique ; trois
portes y étaient ouvertes. On y avait élevé quantité
d'édifices religieux et de monuments de tout genre,
autels et statues ; le temple de Jupiter Capitolin en
occupait le centre. De même le temple de Vénus et
de Rome était enceint d'un portique. Les fouilles
faites en Italie et dans les provinces ont rendu de
nombreux exemples du même dispositif. A Némi, le
sanctuaire de Diane s'élevait au milieu d'un péribole
adossé à la colline ; à Pompéi, le temple de Vénus,

celui d'Apollon, celui de Vespasien, celui d'Isis étaient ainsi situés dans une cour isolée. A Vésone, le temple circulaire formait le fond d'une large enceinte qu'on a retrouvée récemment. En Afrique les exemples ne se comptent plus. En Syrie, il me suffira de vous rappeler le temple du Soleil à Palmyre et surtout le grand temple de Jupiter à Baalbek. Le plan de ce dernier péribole est bien connu. On accédait à l'édifice par un large escalier, coupé de trois paliers, par où on arrivait à des propylées, grande colonnade flanquée à droite et à gauche de tours. De là, on pénétrait dans une cour hexagonale entourée elle aussi d'un portique où s'ouvraient quatre salles rectangulaires. Enfin une grande porte à trois baies donnait entrée dans une seconde cour, de belles dimensions, avec exèdres et niches alternées. Le tout était très richement décoré. En avant du temple avait été élevé un immense autel à sacrifices.

Une telle disposition, aussi somptueuse qu'originale, est particulière à cet édifice; il se ressent du temps où il fut bâti et du pays auquel il appartient. Le temple d'Apollon à Pompéi nous met en présence d'un ensemble plus simple et plus banal. Le péribole, long de 54 mètres et large de 33 mètres, est rectangulaire. Les murs du portique, qui étaient à deux étages superposés, étaient revêtus de peintures, paysages, scènes empruntées à la mythologie, en particulier à l'histoire d'Achille ; en avant des colonnes, dans la cour, on a retrouvé des statues avec les bases où elles se dressaient jadis : un Hermès, un Apollon, une Vénus, une Maia, une Diane. A côté du temple on avait disposé un cadran solaire, sur une base cylindrique, avec les noms des fidèles qui avaient fait le don ; à droite de l'escalier, une table à offrandes. L'autel était à sa place ordinaire, à quelques pas en avant des degrés. Tout cela est assez bien conservé pour qu'on ait pu faire, sur le papier, une reconstitution à peu près certaine de l'ensemble.

Quand le sanctuaire était consacré à plusieurs divinités, ou bien on ménageait dans une *cella* unique plusieurs chambres ou plusieurs niches, ou bien on élevait à chaque dieu une *cella* spéciale dans une même enceinte. C'est ainsi que l'on procédait, en particulier, pour les Capitoles.

Le Capitole de Rome, vous le savez, était considéré comme le centre religieux du monde, de même que le Forum en était le centre politique. Surtout depuis l'invasion gauloise où il avait résisté victorieusement aux attaques de l'ennemi, il était devenu le symbole de la puissance romaine. Aussi les villes de

province, colonies, municipes et même cités péré-
grines, s'empressaient-elles, dès quelles le pouvaient,
d'élever à la Triade capitoline un sanctuaire, image
de celui de la capitale. On en a trouvé de différents
côtés, mais surtout en Afrique. Le type qu'on imi-
tait était, tout naturellement, le Capitole romain,
dont on connaît très bien le plan, qui est celui du
temple toscan. La *cella* était divisée en trois chambres,
disposées parallèlement dans le sens de la longueur :
au centre, celle de Jupiter, la principale ; à droite,
pour qui regardait l'édifice, la chapelle de Junon ; à
gauche, celle de Minerve. Au fond de ces chapelles
se trouvaient les statues des trois divinités. Sous le
siège de la statue de Jupiter était placé un trésor.
Les sacrifices se faisaient, suivant qu'on voulait
honorer l'un ou l'autre des habitants divins, devant
la porte de sa chapelle.

Cette division tripartite caractérise les différents
Capitoles provinciaux. Le Capitole de Timgad, par
exemple, est, lui aussi, constitué par une grande
cella précédée et entourée de colonnades. La *cella*,
longue de 17 mètres et large de 11 mètres, se ter-
minait par trois chambres, au fond desquelles on
avait placé des statues colossales, dont on a retrouvé
quelques fragments.

Celui de Pompéi offre la même particularité. De-

vant le mur du fond s'élève un grand piédestal, assez
haut, trois fois aussi large que profond; originaire-
ment, il était partagé en trois par des pilastres, deux
aux angles, deux sur la longueur, à égale distance
des premiers. Plus tard les pilastres furent suppri-
més et le tout fut recouvert de placages de marbre;
mais la disposition première subsista : le piédestal
resta divisé en trois petites chambres ayant leur porte
spéciale. Il supportait donc trois statues, et les
chambres que celles-ci surmontaient servaient de
trésors pour chacune d'elles.

Ailleurs, à Dougga, le mur du fond de la *cella*
était décoré de trois niches, non juxtaposées; celle
du milieu, plus importante que les deux autres. A
Sbeitla, au contraire, il existe trois *cella*, séparées
latéralement l'une de l'autre par des passages voûtés
et précédées chacune d'un vestibule à colonnes;
mais, afin de bien marquer le lien qui réunissait les
trois constructions et qui en faisait les parties d'un
même ensemble, on n'avait établi de gradins d'accès
que devant les deux temples latéraux; devant le
temple central s'étendait une plate-forme à pic au-
dessus de la cour antérieure, servant probablement
de tribune; elle était reliée aux colonnades des deux
sanctuaires voisins par des paliers jetés sur les passages qui séparaient les trois édifices.

Tels étaient, dans leurs traits généraux, les temples que les Romains ont construits soit à Rome, soit en Italie, soit dans les différentes provinces soumises à leur domination. Si l'on veut comprendre la raison d'être de ces édifices et de leurs dispositions générales ou particulières, il faut chercher quelles relations existaient entre leurs formes et le culte lui-même, en vue de quelles cérémonies les monuments sacrés ont été ainsi constitués, à quels besoins répondait leur aménagement. Entre la liturgie et l'architecture religieuse il ne se peut pas qu'il n'y ait point de rapports intimes.

Rome n'a pas connu ce que nous appelons la dévotion, l'élan des âmes qui vivent en communauté avec le dieu qu'elles adorent, qui se fondent en lui, qui attendent tout de lui et de sa bonté. A ces âmes il faut les voûtes élancées des cathédrales, le demi-jour des vitraux, le silence, le recueillement. Rien n'est plus éloigné des conceptions de l'antiquité romaine.

« La religion, a écrit Boissier, évite avec soin tout ce qui peut être une cause d'agitation. Contrairement à ce qui arrive dans les autres cultes, elle cherche plutôt à calmer l'émotion intérieure qu'à l'exciter. Elle fait un devoir d'être silencieux quand on assiste aux cérémonies sacrées ; mais le mot de silence a pour elle une signification bien plus large que pour nous; non seulement elle ne permet pas qu'on parle, mais elle défend même de penser. Elle a tout fait pour rendre la prière aussi froide que possible; elle la dépouille de la liberté qui en est l'âme et ne veut pas permettre à la reconnaissance et à la piété d'employer les expressions qui lui conviennent; elle leur impose une formule à laquelle on ne doit rien changer et dont il faut se servir, même quand on ne la comprend plus. »

La raison en est dans l'idée même que les Romains se faisaient de la divinité. Les êtres divins ne sont doués, chez eux, ni de sentiments ni de passions; ils ignorent la sympathie pour les bons et la colère contre les méchants; ils n'éprouvent aucun désir, ni de récompenser, ni de punir. Ce sont des puissances surhumaines aveugles, dont l'action sera bonne ou mauvaise, favorable ou défavorable, suivant les cas. Il ne peut donc pas s'agir de gagner leur bienveillance ou de désarmer leur hostilité, il faut « que la force divine nécessaire à l'accomplissement normal et heureux de tel acte de la vie individuelle se manifeste au moment précis où l'acte est accompli; d'autre part, comme il y a des *numina* dont l'action pourrait être nuisible, on doit chercher à détourner de soi cette action». Les paroles que prononceront tous ceux qui s'adressent à la divinité seront, en conséquence, non de libres prières, mais des incantations où la forme et l'ordre des mots joueront un rôle prédominant, comme il arrive dans toutes les formules magiques.

On pourrait croire que l'introduction de l'anthropomorphisme grec apporta quelque changement à ces conceptions primitives et grossières; il n'en fut rien. La mentalité religieuse des Romains était ainsi faite; elle se prêtait mal à une évolution.

D'autre part, l'acte essentiel du culte était le sacrifice, l'offrande soit de fruits, soit de végétaux, soit de liquide, soit d'une victime vivante, grande ou petite. Acte intéressé s'il en fût, où l'on échange contre la faveur divine un objet animé ou inanimé, stipulation entre le mortel et celui dont il redoute la puissance, et dont l'effet doit être infaillible, si les paroles qui l'accompagnent sont conçues suivant le rite sacramentel, si les différents actes de la cérémonie se déroulent conformément au formulaire invariable.

Les phases successives d'un grand sacrifice étaient, vous ne l'ignorez pas, les suivantes :

On choisissait d'abord la victime, un taureau, une vache, une brebis, un porc pour les quadrupèdes, suivant les divinités qu'on voulait honorer.

On les prenait jeunes ou adultes, selon les cas ; on
avait soin d'en approprier la couleur aux circonstances : les victimes blanches plaisaient aux divinités
du ciel, les noires aux dieux infernaux. Si l'on n'en
trouvait point qui répondissent aux besoins, on for-
çait quelque peu la nature : un bœuf blanchi à la
craie était, somme toute, l'opération faite, un bœuf
blanc. On tenait compte aussi du sexe ; en général
le mâle était immolé aux dieux, la femelle, aux
déesses.

La victime choisie, on la parait en vue de la cérémonie. On dorait les cornes, on entourait la tête de
bandelettes de laine, de guirlandes de fleurs ; on
surmontait le front d'une plaque de métal, richement
décorée ; on recouvrait le dos d'une large bande
d'étoffe, plus ou moins ornée, qui retombait à droite
et à gauche sur les flancs de l'animal. Puis, la toilette terminée, les ministres, c'est-à-dire les sacrifi-
cateurs, les victimaires, la menaient jusqu'au temple,
processionnellement.

Quand ils y étaient parvenus, sans incidents fâ-
cheux, on se préparait à accomplir le sacrifice (pl. V).
Le prêtre commençait par faire une libation d'encens et de vin ; ensuite il répandait sur la tête de la
victime de la farine mêlée de sel et une coupe de
vin. Par là il la consacrait et la rendait mûre pour

l'offrande ; les ministres n'avaient plus qu'à la mettre
à mort. Les bœufs et les taureaux étaient frappés
avec une hache ; les veaux et les génisses avec un
maillet ; les brebis et les porcs étaient égorgés.

L'immolation était achevée ; mais la cérémonie ne
prenait pas fin pour cela ; au contraire, l'acte le plus
important allait commencer. On dépeçait l'animal :
les viscères, foie, poumon, cœur étaient alors soumis à l'examen des haruspices. Si leur conformation
ne révélait aucune anomalie, c'est que l'offrande
était agréée par la divinité. De ces viscères, coupés
en morceaux et accompagnés de certaines parties de
la victime soigneusement fixées par le rituel, on
composait un plat, sur lequel on répandait de la
farine additionnée de sel et de vin ; on le plaçait sur
l'autel et on le brûlait : c'était la part de la divinité.
Le reste de la bête, qui n'avait pas été consacré,
était distribué soit aux fidèles qui avaient fait les frais
du sacrifice, soit aux magistrats de la ville, et
consommé par eux ; les prêtres et les ministres en
avaient aussi leur part.

Des cérémonies de cette sorte nécessitaient avant
tout un autel, non point un petit cube de pierre,
comme ceux où l'on brûlait l'encens dans l'atrium
des maisons devant l'image des dieux lares, mais
une masse assez puissante pour pouvoir supporter le

poids des victimes et suffire aux différentes phases du sacrifice. Cet autel devait être placé devant l'endroit où demeurait la divinité, devant la chapelle où l'on enfermait son effigie pour l'obliger à y séjourner, afin qu'ayant l'honneur du sacrifice, elle en supportât les conséquences et se crût obligée d'y répondre en se prêtant aux demandes des suppliants. Enfin, il fallait qu'il s'élevât au milieu d'un espace libre assez étendu pour que victimes et officiants pussent se mouvoir aisément, assez défendu pourtant contre l'animation des rues ou des places voisines, pour que l'on n'eût rien à redouter du bruit des passants ou des regards indiscrets des profanes ; de là la cour entourée de portiques qui constituait le péribole et d'où la foule des fidèles, protégée contre les ardeurs du soleil ou les pluies, pouvait suivre les diverses péripéties de l'acte religieux accompli sous ses yeux.

Donc trois éléments essentiels : un sanctuaire, où demeure la divinité, un autel pour les sacrifices, une grande place entourée de murs pour isoler les officiants et les dévots. Qu'on y ajoute un certain nombre de chambres destinées aux prêtres, aux objets du culte, à la préparation des sacrifices ; des autels secondaires répartis dans la *cella* ou dans la cour pour satisfaire à la piété des fidèles ; et l'on comprendra pourquoi les temples romains étaient disposés de la façon que j'ai essayé de vous exposer d'après les descriptions qui en ont été faites, les représentations figurées qui nous les montrent, les restes qui en subsistent et les ruines qui en ont été fouillées.

Les formes, les dispositions intérieures des sanctuaires dont je viens de vous entretenir ne devaient pas survivre au paganisme; le temple romain s'écroula quand s'écroula la religion romaine. Celle qui lui succéda ne pouvait pas s'accommoder des édifices traditionnels parce que leur aménagement ne convenait point aux nécessités du culte nouveau.

Les païens reprochaient aux chrétiens de n'avoir ni autels ni images divines. C'est précisément pour cette raison qu'il n'était pas possible qu'une chapelle chrétienne ressemblât à un temple païen.

A quoi aurait servi un autel, dès lors qu'on renonçait à tout sacrifice sanglant? « Les dieux païens recevaient l'offrande et la partageaient avec leurs adorateurs; le Dieu nouveau se donne lui-même à ses prêtres et à ses fidèles. Plus de sang répandu, plus de flamme consumant la victime, plus de fumée voilant la face divine. Les dons du Père Céleste qui entretiennent la vie sur la terre, le pain, l'eau et le vin deviennent les symboles de la communion des hommes avec lui. » Pour cette oblation, pour cette communion, il n'est plus besoin que d'une table, d'une *mensa*. L'autel disparaît, parce qu'il ne sert plus à rien, ni à la divinité ni aux fidèles.

Plus d'image divine, non plus ; donc plus de chambre fermée pour l'abriter. Le dieu que l'on va adorer sera partout présent, visible nulle part. Pourquoi lui aurait-on réservé une partie de l'édifice religieux comme logement ?

D'autre part, les communautés chrétiennes formaient à l'origine de petites églises privées où elles se réunissaient autour de leurs pasteurs ; pour chanter les louanges du Seigneur, pour entendre lire l'Évangile ou prêcher la parole de vie, il leur suffisait d'une salle, même petite, sans aucune annexe extérieure. Ces oratoires primitifs se développèrent, il est vrai, avec les progrès de la religion nouvelle et devinrent, quelques-uns du moins, de somptueux édifices ; mais ils ne perdirent rien de leur caractère fondamental, qui était d'être uniquement appropriés à un culte intérieur.

Et cela est si vrai que lorsque, par droit de conquête ou par raison d'économie, ou pour respecter des habitudes anciennes, les chrétiens transformèrent à leur usage des temples païens désaffectés, ils ne leur empruntèrent que la partie close, la *cella*. Toute l'église de San Lorenzo in Miranda, sur le Forum, tient dans la *cella* du temple d'Antonin et de Faustine; toute l'église de Sainte-Marie l'Égyptienne dans la *cella* du temple de la Fortune Virile.

1. — Autel de la Paix Auguste.

2. — Sanctuaire d'Hercule.

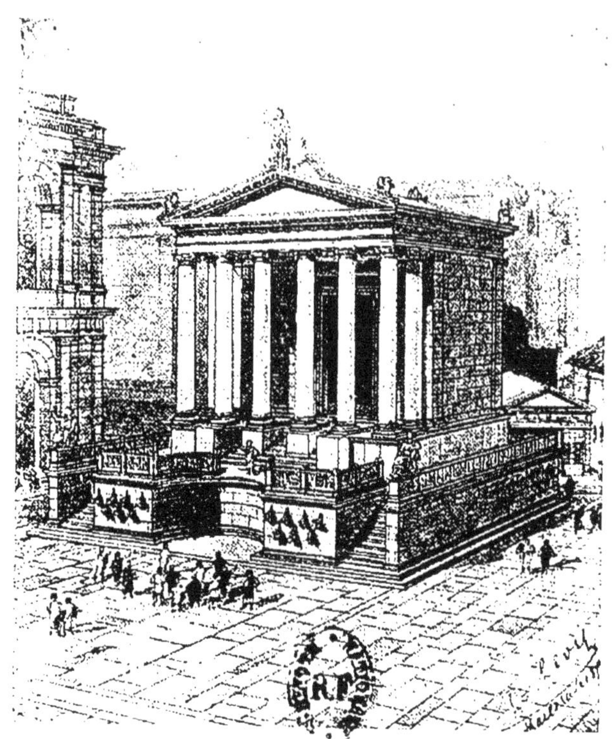

1.   *Temple de Jules César.*

2. — *Temple circulaire de Baalbek.*

« Maison Carrée » à Nîmes.

Temple circulaire de Tivoli.

Un sacrifice romain.

LA
GRANDE DÉESSE CHYPRIOTE,

PAR

M. R. DUSSAUD.

On s'est récemment rendu compte du rôle considérable joué par Chypre durant les deuxième et premier millénaires avant notre ère. L'étendue et la fertilité de l'île, sa richesse en essences forestières et en produits minéraux, sa position géographique même qui en faisait pour les anciennes marines une escale obligée entre l'Europe, l'Asie et l'Afrique, lui assurèrent les conditions les meilleures pour une civilisation brillante. Les Chypriotes ne se sont pas contentés d'exploiter et d'exporter les matières premières de leur sol, ils ont développé chez eux les industries correspondantes, surtout l'industrie du bronze; ils ont acquis une grande habileté dans la construction et le gréement des navires. Ils ont développé l'exportation des produits qu'ils fabriquaient au point qu'ils ont, dès le milieu du deuxième millénaire, répandu sur les côtes voisines leur céramique, qui, cependant, n'est pas d'un éclat particulier. Il résulte de là que bien des formes artistiques, en céramique, dans l'industrie du bronze, en architecture, etc., que l'on attribuait jusqu'ici aux Phéniciens, doivent être restituées aux Chypriotes. La Phénicie, en particulier, a été submergée pendant plusieurs siècles par l'industrie chypriote, si bien qu'on ne peut faire une fouille profonde sur la côte syrienne sans amener au jour d'abondants témoins de l'influence chypriote.

Vers la fin du deuxième millénaire pénètre dans l'île un contingent grec très important : les Achéens refoulés de Grèce par les Doriens se réfugient à Chypre où ils apportent leur dialecte grec qui supplantera peu à peu la langue égéenne parlée dans le pays. Cette langue égéenne est encore aussi peu lisible que l'étrusque ; le seul point assuré c'est qu'elle n'appartient ni au groupe indo-européen ni au groupe sémitique.

C'est également vers la fin du deuxième millénaire que les marchands phéniciens, attirés par le commerce du cuivre et les richesses de l'île, établirent sur la côte méridionale des comptoirs bientôt convertis en colonies. Les Tyriens fondent ainsi une ville dé Qart-Hadaschat (Ville-neuve) ou Carthage, avant peut-être la fondation de la Carthage africaine. A la pénétration de la Phénicie par le commerce chypriote correspond alors une pénétration de Chypre par la Phénicie, à laquelle viendra se superposer, pour un temps, l'occupation assyrienne comme conséquence de la conquête de l'île par Sargon II. Sous les rois de Perse, l'élément phénicien sera favorisé pour tenir en échec les éléments grecs.

A ces influences s'oppose souvent, à partir du XVIe siècle avant notre ère, l'action égyptienne, attestée par les trouvailles archéologiques comme par la correspondance qu'échangeait le roi de Chypre avec Aménophis IV et dont on a retrouvé les vestiges à El-Amarna, en Égypte.

Une étude des anciens cultes chypriotes devra tenir le plus grand compte de ces influences que nous signalent l'histoire et l'archéologie. Dès maintenant nous pouvons prévoir que le type de la grande déesse locale a dû être soumis à des transformations nombreuses.

Cette grande déesse est bien connue, c'est l'Aphrodite chypriote ; mais la vogue dont elle a joui auprès des poètes, les fleurs dont ils l'ont parée, les enjolivements qu'ils ont fait subir à son mythe, tous les incidents profanes dont ils ont semé sa carrière, n'ont pas peu contribué à obscurcir son caractère fondamental que nous nous efforcerons de restituer.

Il y a peu à tirer des mythes qui nous ont été conservés sinon un rapport assez mal défini avec la mer qui entoure l'île et la certitude que la déesse est une conception locale.

Hésiode rapporte qu'Aphrodite est née de l'écume marine sur les côtes de Chypre et vous savez que l'image de la déesse sortant des flots et tordant sa chevelure a été immortalisée par Apelle sous le nom d'Aphrodite Anadyomène. D'autres exégètes ont prétendu que la déesse avait été déposée sur le rivage de Chypre par une coquille marine. Elle y fut reçue par les Heures qui lui passèrent autour du cou un collier étincelant, la coiffèrent d'une couronne et la menèrent à la demeure des Olympiens. Le collier et la couronne sont, en effet, ses attributs les plus fréquents sur les monuments.

Il n'est pas impossible que le mythe de la naissance marine ait été inspiré par les rites qui se pratiquaient, par exemple, à Paphos lors des panégyries. Une des pratiques les plus répandues consiste, au printemps ou à un moment de l'été, dans le renouvellement ou le rajeunissement des simulacres divins. Cette coutume survit encore, sans qu'on s'en rende compte, dans les cérémonies du carnaval. Parfois, on se contentait, comme à Athènes, de renouveler la garde-robe de la déesse et de laver sa statue. C'est peut-être ce qu'on faisait à Paphos où le lavage pouvait s'opérer en mer.

Une fête populaire, qui se pratique encore à Chypre de nos jours, conserverait l'écho de cette antique tradition. A la Pentecôte, le peuple s'assemble en divers points de la côte, notamment à Larnaca, et chacun à son tour monte dans une barque pour aller toucher du doigt un point du rivage.

Tous les auteurs anciens s'accordent à reconnaître que Chypre est la terre d'Aphrodite; elle en est la souveraine, la *despoina* [1]. Dans l'Iliade, c'est-à-dire au moins dès le viiie siècle avant notre ère, elle porte le surnom de Kypris et l'Odyssée connaît à Paphos «son sanctuaire et son autel parfumé d'encens». Son culte est attesté dans l'île entière, à Paphos, à Idalion, à Amathonte, à Golgoi, à Salamis, etc. On n'aurait jamais élevé le moindre doute sur l'origine indigène de l'Aphrodite chypriote sans une mention d'Hérodote, assez troublante par elle-même, mais

---

[1] Les textes dans ENGEL, *Kypros*; Al. ERMANN, *Kypros und der Ursprung des Aphroditenkultus*; PRELLER, *Mythologie der Griechen*; DÜMMLER, dans PAULY-WISSOWA, *Real-Encycl.*, s. v. *Aphrodite.*

dont on a exagéré et quelque peu dénaturé la portée.

A propos du temple d'Aphrodite céleste à Ascalon, l'historien grec observe : « Ce temple, comme me l'apprennent mes recherches, est le plus ancien de tous ceux de cette déesse; car celui de Chypre a été bâti sur son modèle, au rapport des Chypriotes eux-mêmes » [1]. Il y a deux éléments dans ce témoignage. Le premier est une identification entre la déesse chypriote et l'Astarté phénicienne qui ne saurait nous surprendre à l'époque d'Hérodote, mais qui ne préjuge en rien la question d'origine. S'appuyer sur les assimilations mythologiques qui sévissaient dès l'époque d'Hérodote pour affirmer l'origine phénicienne de la déesse chypriote, c'est commettre une erreur de méthode.

La seconde partie du témoignage d'Hérodote est infiniment précieuse, elle repose sur une affirmation de source chypriote. Nous devons admettre qu'à l'époque d'Hérodote, le sanctuaire de Paphos — car c'est évidemment ce dernier qui est visé ici, — présentait une grande analogie de construction avec un sanctuaire phénicien. C'est-à-dire qu'il devait consister essentiellement en une enceinte sacrée,

____

[1] HÉRODOTE, I, 105.

des autels en plein vent et, figurant la déesse, une pierre sacrée ou bétyle. Les animaux qui vivaient dans cette enceinte, notamment les colombes, devaient être considérés comme sacrés.

Cela nous est confirmé par la description que Tacite donne du temple de Paphos à l'occasion de la visite de Titus [1]. L'histoire relate comme une merveille que les autels du sanctuaire n'étaient jamais mouillés par la pluie; cela n'était curieux à noter que si les autels étaient en plein air. Mais ce qui a le plus surpris les Romains, c'est l'image de la déesse « qui, dit Tacite, n'est point représentée sous la figure humaine, c'est un bloc circulaire qui, s'élevant en cône, diminue graduellement de la base au sommet. La raison de cette forme, ajoute-t-il, est ignorée ». Les monnaies de l'île reproduisent ce bétyle assez semblable à celui qui s'élevait dans le temple d'Astarté à Byblos. L'empreinte des cultes phéniciens est donc ici très nette; mais elle ne remonte certainement pas plus haut que les colonies tyriennes dans l'île.

Une autre preuve du contact entre cultes chypriotes et cultes phéniciens est fournie par l'introduction à Chypre — probablement au commence-

[1] TACITE, *Hist.*, II, 3.

ment du premier millénaire avant notre ère — du vocable d'Adonis. Les relations que la grande île entretenait avec les Grecs d'Ionie expliquent que Sapho, dès le viie siècle, mentionne ce dieu. L'épithète phénicienne d'*Adon* (seigneur), *Adoni* (mon seigneur), grécisée en Adonis, ne fit guère que remplacer des vocables locaux plus anciens comme Aô, Gauas, Pygmalion. Et cela nous est un trait de lumière. Ces divinités locales, auxquelles Adonis a été substitué, devaient être auprès de l'Aphrodite chypriote dans le même rapport que l'Adonis phénicien auprès d'Astarté. Or l'Adonis phénicien est un dieu agraire, un esprit de la végétation dont on pleure la mort et dont on assure la résurrection par les rites appropriés. Souvent, cet esprit de la végétation est lié à la Terre-mère, à la déesse Terre qui passe pour enfanter les hommes, les animaux et les plantes. Précisément, nous ne tarderons pas à vérifier que la déesse chypriote était primitivement une déesse-mère.

L'Aphrodite chypriote n'a pas été, elle-même, sans action sur l'Astarté phénicienne. La légende sémitique d'Adonis-Tammouz ou d'Adonis-Eschmoun ne mentionne pas l'intervention du sanglier; c'est un trait qu'on s'accorde à reconnaître comme d'origine étrangère en Phénicie.

Quoi qu'il en soit, les pèlerins venus des côtes syriennes et se rendant à Paphos pouvaient sans effort y vénérer une divinité qui n'était pas sans analogie avec leur Astarté.

Avant l'influence phénicienne s'était fait sentir l'action grecque, surtout vers la fin du second millénaire. C'est alors, peut-être, que la déesse prit le nom d'Aphrodite, encore mal expliqué. Pour l'époque antérieure, celle de la civilisation égéenne, nous n'avons d'autres renseignements que les témoins archéologiques, mais ils sont abondants et ils remontent jusqu'aux premiers temps du troisième millénaire avant notre ère.

Ce sont d'abord des plaquettes en terre cuite, rouge bistrée, d'où surgit un long cou. Les ornements incisés, qu'avive une incrustation crayeuse, témoignent que l'idole est vêtue et richement parée. Des colliers lui enserrent le cou, d'autres s'étalent sur la poitrine (pl. I).

Parfois la plaquette porte deux cous; on figure ainsi la mère et l'enfant. Cette Aphrodite chypriote, où les poètes ne verront qu'une déesse qui préside aux ébats folâtres, était donc à l'origine une déesse-mère. S'il était encore besoin de réfuter les théories de Max Müller, nous constaterions ici combien est contraire aux faits son hypothèse d'une Aphrodite primitive qui aurait personnifié l'aurore et se serait transformée, avec le temps, en une déesse de la beauté et de l'amour [1].

Cette déesse-mère, probablement à l'origine la Terre-mère, dispense la fécondité et la fertilité. C'est ce que marquent, avec beaucoup de gaucherie, les figurines d'époque mycénienne où la déesse se prend les seins, lorsqu'elle ne porte pas les mains à son ventre. Donner le jour à de nombreux enfants, constituer des familles puissantes et plus tard de riches cités — nous verrons la déesse prendre le rôle de protectrice de la cité, — voir multiplier son bétail et prospérer son champ — très anciennement la vie à Chypre était essentiellement agricole, — c'était la prière constante qu'on adressait à la déesse, et que, de par ses fonctions de terre-mère, elle était à même d'exaucer. La grande déesse chypriote était si intimement unie à la vie même de l'individu que son image le suivait dans la tombe pour, là encore, lui assurer l'existence la moins triste possible. Toutes les représentations anciennes de la déesse ont été livrées par des tombeaux.

Avec le temps, les coroplastes chypriotes tendent

[1] Max Müller, *Nouvelles leçons sur la science du langage*, trad. Perrot et Harris, II, p. 96-97.

à se dégager de la simple plaquette; mais ce n'est qu'à l'époque mycénienne qu'ils établissent des figurines en ronde-bosse, sans jamais sacrifier d'ailleurs à la grâce et à la beauté. Les poètes, on le sent, n'ont pas encore donné le ton aux artisans. Les répliques mycéniennes nous montrent, en effet, une « horrible figure de femme nue, comme la désigne M. Heuzey, au profil courbé en forme de bec, aux larges flancs, aux jambes assemblées, qui s'amincissent brusquement, sans base stable et presque sans pieds. Les oreilles énormes sont perforées de deux trous, pour des anneaux mobiles en terre cuite »[1]. Cette rudesse d'exécution, qui nous choque, atteste le mieux le caractère religieux de ces figurines. Elles sont horribles, mais elles tiennent si fort à la croyance populaire que les coroplastes grecs de la meilleure époque devront, sous l'enjolivement des formes et de la parure, garder quelque chose du geste primitif. Ces humbles artisans de l'époque préhellénique ont créé un type qui, en dépit des développements les plus raffinés de l'art grec, se maintiendra sans changement essentiel pendant de nombreux siècles.

---

[1] L. Heuzey, *Catalogue des figurines antiques de terre cuite du Musée du Louvre*, p. 160.

Après l'époque mycénienne, les influences étrangères vont se faire sentir soit dans les détails du costume ou de la coiffure, soit dans la recherche de formes plus gracieuses.

Ce n'est pas encore le cas d'une figurine du Louvre, en forme de longue colonne, d'où se détachent deux moignons en croissant — comme sur certaines idoles de basse époque mycénienne, — et que surmonte une tête coiffée d'un turban d'où la chevelure retombe en deux masses sur les épaules. La même figure, mais vêtue, est représentée à l'entrée d'un pigeonnier. On sait que la colombe était consacrée à la déesse et l'on imagine aisément que de telles images étaient érigées au coin des rues ou dans les carrefours, comme les niches qui abritent les madones italiennes.

Un curieux groupe de figurines est caractérisé par de longues plumes qui tombent de la chevelure jusque sur les épaules. Il y a là, semble-t-il, une influence assyrienne.

L'influence égyptienne est très nette dans les terres cuites dont la coiffure imite plus ou moins celle de la déesse Hathor; généralement ces déesses tiennent le lotus, et cet emblème — plus généralement la fleur — se maintiendra longtemps entre les mains de l'Aphrodite chypriote. Plus récentes que le type précédent, sont des figurines assises et à la large coiffure égyptienne, souvent avec un enfant dans les bras (pl. II).

Vers la fin du v° siècle et pendant deux siècles au moins, les ateliers céramistes de Citium ont fourni des représentations de la déesse d'un art remarquable qu'on peut comparer aux produits grecs les plus parfaits. Ce sont des « statuettes hiératiques, uniformes dans leur attitude et dans leur aspect général, mais variées à l'infini par l'ingénieuse combinaison des ornements et des symboles. Elles représentent des déesses, majestueusement assises sur des trônes, dont le haut dossier est décoré de larges acrotères bilobées. Sévèrement vêtues, la tête couverte d'un voile, mais charmantes, toutes parées de bijoux grecs, les cheveux élégamment relevés autour d'un bandeau saillant, elles y ajoutent d'ordinaire une haute coiffure »[1] (pl. III). C'est la tiare qu'on trouve en usage depuis l'Asie mineure, où elle remonte à l'époque hittite, jusqu'en Mésopotamie.

Nous constatons alors la vogue de déesses grecques qui ne jouaient jusque-là dans l'île qu'un rôle très effacé. Il semble que leur fortune nouvelle soit faite d'éléments empruntés à la grande déesse

_____

[1] Heuzey, _l. c._, p. 175.

chypriote. C'est Déméter, souvent groupée avec Coré, et dont les figures se distinguent par la tiare tressée en corbeille. Sa présence dans les produits de l'atelier de Citium paraît attester qu'elle doublait l'Aphrodite chypriote dans une de ses fonctions essentielles, celle de la Terre-mère (pl. IV).

Une autre déesse a joui d'une grande faveur à Chypre en bénéficiant, semble-t-il, d'une certaine confusion avec la grande déesse. C'est Artémis qui tient une fleur ou des grenades dans la main droite et un chevreau passé sous le bras gauche. L'atelier de Citium en a fourni quelques exemplaires en terre cuite [1], mais le Louvre possède deux statues en pierre de ce type. La déesse porte dans le dos le carquois et l'arc dans son étui; les courroies qui les retiennent se croisent sur la poitrine.

Le plus grand nombre de figurines de l'atelier de Citium, représentant une déesse, nous rendent les traits de l'Aphrodite chypriote. Comme l'a observé M. Heuzey, on retrouve souvent le geste traditionnel des anciennes idoles, mais « adouci et poétisé par le beau sentiment de l'art grec ».

Nous avons donc pu suivre pendant trois mille ans

---

[1] HEUZEY, *l. c.*, p. 188-189.

le développement d'un des types divins les plus
célèbres de l'antiquité. A travers toutes les modifications qu'ont imposées l'intrusion de groupes
ethniques nouveaux ou l'influence d'un art plus
développé, nous avons constaté combien le caractère
même de la déesse changeait peu et combien se
maintenait sans grandes modifications le geste hiératique primitif. Il est rare qu'on soit documenté
sur une divinité pendant une période de temps aussi
longue et dès une si haute époque. La constance des
caractères que nous avons relevés sur cet exemple
doit donner confiance dans l'utilisation des renseignements de basse époque, qui sont souvent les seuls
que l'antiquité nous ait conservés.

La déesse Chypriote
Type primitif
(Musée du Louvre)

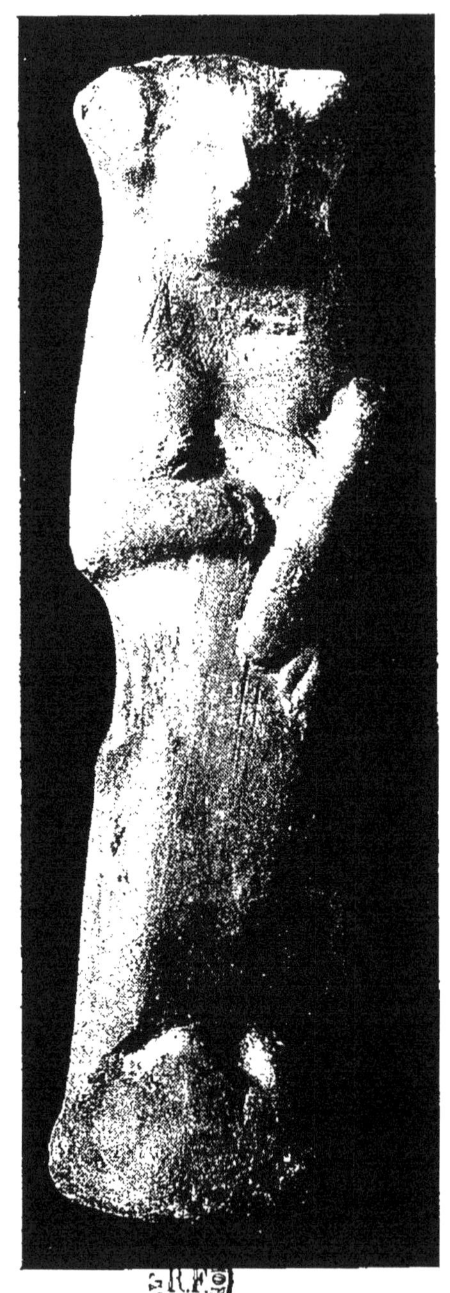

La déesse Chypriote
Type égyptisant
(Musée du Louvre)

La déesse Chypriote
Type hellénique
(Musée du Louvre)

Tête de la déesse Chypriote hellénisée
(Musée du Louvre)

LES STATUES D'ÉGYPTE,

«IMAGES VIVANTES»,

PAR

M. ALEXANDRE MORET.

Les statues comptent parmi les monuments les plus nombreux que nous ait laissés l'Égypte : on en trouve, souvent par centaines, par milliers, dans les ruines des maisons antiques, dans les tombeaux, dans les temples. Elle sont faites des matières les plus diverses, précieuses ou communes, par conséquent à la disposition des pauvres comme des riches : terre crue ou cuite, bois, bronze, or, pierre dure, pierres précieuses; enfin nous en avons de toutes les époques. L'emploi des statues, commun à toutes les classes de la population, répond à des idées aussi anciennes que la civilisation égyptienne et qui ont eu la même durée.

Pour étudier ces statues, on peut se placer au

point de vue artistique ou religieux. Nous n'examinerons ici que le rôle religieux des statues en nous posant les questions suivantes : comment les Égyptiens concevaient-ils les images des dieux et des hommes? pourquoi façonnaient-ils ces images? quels services en attendaient-ils et leur rendaient-ils en échange? enfin, de quelle vie prétendaient-ils les animer?

L'importance que les Égyptiens attachaient aux statues nous sera tout de suite révélée par une épithète dont ils accompagnent généralement le nom du simulacre : ils disent de la statue d'un dieu ou d'un roi que c'est « l'image vivante » *tout aᶜnch* du dieu ou pharaon. Il faut analyser cette expression.

La statue est une image, *tout,* elle est donc la copie d'un modèle. Quand il s'agit d'un être vivant, il est aisé de reproduire les traits qu'on a sous les yeux; mais s'il s'agit d'un dieu, où trouver le modèle, comment résoudre ce problème, qui s'est posé d'ailleurs chez tous les peuples? Le dieu est un être qui vit loin des hommes, généralement au ciel, dont on ne connaît ni les formes, qui sont multiples et mystérieuses, ni le nom véritable, en lequel réside sa force et son pouvoir; comment dès lors le repré-

senter avec efficacité et exactitude? Nombreux sont
les textes qui expriment cet embarras. Dès l'époque
des Pyramides, on appelle Osiris «le dieu dont on
ne connaît pas le nom» [1] (c'est-à-dire l'essence
intime), et les hymnes de l'époque thébaine déve-
loppent cette idée et disent du Nil : « On ne lui
sculpte point de pierre, ni de statues avec la double
couronne ; on ne l'aperçoit point ; on ne lui paye
tributs, ni ne lui apporte offrandes, on ne l'enchante
point par des mots mystérieux, on ne connaît
point le lieu où il est, on ne trouve point sa châsse
par la vertu d'écrits magiques [2]. » D'Amon-Râ, qui
est le dieu suprême de l'époque thébaine, on pro-
clame qu'il est «le caché» (*Amon*) dont l'image est
inconnue [3], (⸤𓏤 ⸥), pensée que
commente ainsi un papyrus du musée de Leyde :

«Amon est unique, et il se cache (*imon*) lui-même
pour ses (apparitions), il se voile lui-même pour
les dieux. On ne connaît pas ses apparences (*littér.* :
couleurs). Il est loin du ciel et loin du monde inférieur (*Douat*). Aucun dieu ne connaît sa forme
véritable. Son image n'est pas développée dans les

---

[1] *Pyr. d'Ounas*, l. 508 ; cf. *Livre des Morts*, XLII, l. 11.
[2] *Pap. Sallier* II, pl. XXII ; cf. MASPERO, *Histoire*, I, p. 41.
[3] LEPSIUS, *Denkm.*, VI, 118 ; Ph. VIREY, *La religion de l'anc.
Égypte*, p. 67.

livres ; il n'y a aucun témoignage sur lui. Il est trop mystérieux pour qu'on puisse atteindre sa force redoutable ; il est trop grand pour qu'on puisse discuter sur lui, trop puissant pour qu'il puisse être connu. Un accident immédiat de mort violente (menace) celui qui profère son nom secret, impossible à connaître ; aucun dieu ne le connaît par son (nom), lui, âme qui cache son nom pour rester mystérieux [1]. »

Telle est la théorie. Dans la pratique, l'homme, d'une part, s'est toujours efforcé de scruter les mystères, d'autre part, les dieux ont dû se dégager du monde des Esprits et trouver des moyens de se manifester, car si les adorateurs ont besoin du dieu, le dieu a non moins besoin de ses adorateurs. Aussi revêt-il des apparences sensibles, des figures qui servent de support, d'enveloppe matérielle à son esprit divin. Ce sont d'abord des animaux réels ou fabuleux : par exemple, le taureau Apis est « *l'image vivante* » de Phtah de Memphis ; le sphinx est « *l'image vivante* » ☰⦿ *sep aʿnch* de Râ-Harmachis ». Le roi à son tour devient « Râ incarné, Cheprâ dans sa forme véritable, l'image vivante sur terre de son

---

[1] Cf. Alan H. GARDINER, *Hymns to Amon*, *Aeg. Zeitschrift*, XLII, 1905, p. 33 et suiv.

père Toum d'Héliopolis» [hieroglyphs] [1].

Enfin, à défaut de corps vivant, animal ou homme, le dieu s'incarne dans les fétiches, tels que le Dad ☥ d'Osiris, et surtout les statues.

La statue devra être l'image fidèle du dieu; or la figure exacte de celui-ci n'est connue que de ses prêtres et des hommes initiés à son culte, car on dit de ces derniers qu'ils «possèdent le secret du dieu», ou qu'ils «sont chefs du Mystère» de tel ou tel dieu; ils savent en particulier la forme que le dieu a choisie pour se faire voir aux hommes et le nom qu'il a élu, par lequel il peut être invoqué et auquel il est forcé de répondre [2]. Par exemple, ils savent que Thot est un ibis, Chnoumou un bélier, Horus un faucon, Hathor une vache, Osiris un dieu anthropomorphe, etc.; surtout, ils connaissent les proportions exactes, les signes distinctifs de robe, de pelage, de couleur, les détails de costumes et les attributs qui permettent de distinguer, entre mille spécimens, l'individu en lequel s'incarne le dieu.

---

[1] *Stèle de Kouban,* l. 17-18 (XIXᵉ dyn.).

[2] Sur les difficultés qu'il y a à connaître les formes réelles des dieux et ce qu'ils aiment ou refusent en fait d'offrandes et de rites, cf. les inscriptions des nomarques d'Hermonthis (XIᵉ dynastie), ap. *Aeg. Zeitschrift,* 1896, p. 25 et 33.

Le sculpteur à qui incombe le soin de parfaire un de
ces corps divins, y travaille avec un amour imprégné
de terreur secrète, car la statue qu'il modèle peut
à tout moment s'animer, respirer ; aussi l'appelle-t-on
« celui qui enfante » 𓄟 *mes*, ou « celui qui fait
vivre » 𓋹 *sᶜanch*.

Ainsi le peintre Mertj-śen (XIIᵉ dyn., Louvre,
Stèle C. 14) nous l'affirme :

« Je suis un artiste qui excelle dans son art, un
homme au plus haut point distingué par sa science.
Je sais les procédés de la peinture, les règles mathé-
matiques pour mettre tout corps en sa bonne place.
Je sais exprimer le port de la figure humaine, la
démarche d'une femme, la stature du guerrier,
l'attitude de qui reçoit le coup, le port du bras de
celui qui le lance, l'allure courbée de celui qui
court. Je sais faire des incrustations. Personne n'est
aussi habile en cet art, excepté moi seul et mon
propre fils [1]. »

Un autre sculpteur, du temps de Ramsès II, dont
la stèle est conservée à Leyde (pl. IV), nous déclare
que le roi l'a fait « monter au sanctuaire pour enfanter les images et les statues de tous les dieux ; rien

[1] Cf. l'article de M. Sottas, ap. *Recueil de travaux*, XXXVI,
p. 160.

de ce qui les concerne n'était caché pour moi, car je suis le chef du Mystère, je vois Râ dans ses manifestations, Toum dans ses naissances..., etc. »

Cette fatuité d'artiste, nous l'excuserons mieux en apprenant tout ce que les Égyptiens prétendaient réaliser avec les statues des dieux. Les écrits de l'époque alexandrine, attribués à Hermès Trismégiste [1], définissent ce qu'on pourrait appeler la théorie des statues divines en Égypte :

« Nos ancêtres trouvèrent l'art de faire des dieux (c'est-à-dire des statues de dieux), et ils y mêlèrent une vertu convenable tirée de la nature du monde. Comme ils ne pouvaient faire des âmes, ils évoquèrent celles des démons ou des anges, et les fixèrent dans les saintes images et les divins mystères, seul moyen de donner aux idoles la puissance de faire le bien et le mal... (Ce sont là) les statues animées qui font tant et de si grandes choses : les statues prophétiques, qui prédisent l'avenir par les songes et toutes sortes d'autres voies, qui nous frappent de maladies, ou guérissent nos douleurs selon nos mérites. »

Reprendre chacun des termes de cette définition avec des exemples à l'appui, ce sera éclairer un des

---

[1] Trad. MÉNARD, p. 167 et 146.

aspects de notre sujet : quels pouvoirs l'Égyptien prêtait-il à ces « images vivantes » des dieux ?

Les images vivantes des dieux donnaient des conseils ou des ordres aux hommes, et surtout au roi, intermédiaire entre les hommes et les dieux. L'histoire officielle abonde en constatations de ce genre. Lorsque la reine Hatšopsitou envoya une expédition au pays de Pount pour y chercher des arbres à encens, ce fut sur l'ordre de la bouche même d'Amon : la reine s'étant rendue au sanctuaire, «ses supplications montaient jusqu'au trône du Maître-des-deux-terres, lorsqu'on *entendit un ordre* dans le sanctuaire, ce commandement du dieu lui-même d'explorer les voies qui conduisaient à Pount[1] ». Après les derniers Ramessides, les prêtres d'Amon jouent auprès des rois le rôle de maires du palais qui déposséderont bientôt leur maître, et nous voyons les rois consulter à tout propos la statue d'Amon. Une inscription qui fut gravée sur un pylône de Karnak raconte ainsi que des actes frauduleux ayant été commis dans l'administration du temple, l'accusation tomba sur un certain Thoutmès qui s'en défendit, et voici comment on éclaircit

[1] Ed. NAVILLE, *Deir el Bahari*; cf. MASPERO, *Histoire*, II, p. 245.

l'affaire. On fit venir la statue d'Amon sur le sol d'argent, endroit où le dieu tenait ses audiences. Le premier prophète d'Amon, Pinozem, se présenta devant le dieu, ce qui lui valut une vive approbation de la statue qui inclina la tête par deux fois. Pinozem mit deux écrits devant le grand dieu ; l'un de ces écrits disait : Amon-Râ, mon bon seigneur, on dit qu'il y a des réclamations à faire à Thoutmès l'intendant ; l'autre livre disait : Amon-Râ, mon bon seigneur, on dit qu'il n'y a pas de réclamations à faire à Thoutmès. Alors, Pinozem prend la parole : «Mon bon seigneur, c'est toi qui distingues (le juste de l'injuste, la vérité de l'erreur). » — Le grand dieu inclina la tête par deux fois. — Pinozem étala les deux écrits par-devant le dieu ; celui-ci prit celui qui disait : «Il n'y a pas de réclamations à faire à Thoutmès» et il fut reconnu vrai que Thoutmès n'était pas coupable. Il y a une autre inscription qui reprend en détail ce même épisode ; à tout moment, la tête du dieu s'incline pour approuver les déclarations en faveur de l'accusé[1]. D'autres textes de la même époque font intervenir la statue d'Amon dans des cas analogues, et leur éditeur, M. Naville, dit avec raison : «pour un rien, le dieu fait un

[1] **Ed. Naville**, *Inscription historique de Pinodjem* III, p. 4 et suiv.

signe, avant même que les hommes aient parlé, ou
quand ils n'ont dit qu'une petite partie de ce qu'ils
avaient à demander au dieu. En outre, le dieu parle
pour faire entendre sa volonté. Il y avait donc à
Thèbes des statues qui parlaient et qui faisaient des
gestes; il est évident que ce résultat était produit
par un artifice quelconque dont les prêtres seuls
avaient le secret». Ces mêmes prêtres d'Amon,
chassés plus tard, et contraints de se réfugier à
Napata, y organisèrent une royauté. A chaque
vacance du trône, on faisait défiler dans le sanctuaire tous les mâles de la famille royale, les frères
royaux; alors la statue d'Amon étendait le bras,
saisissait l'un d'eux, lui adressait un discours; c'est
celui-là qui devenait roi [1].

Les statues des dieux, disait Hermès Trismégiste,
prédisent l'avenir par des songes qu'elles envoient
aux hommes. Une sorte d'*incubation* précède ces rêves
prophétiques et elle est favorisée par le voisinage
du temple ou des dieux. La XVIIIe dynastie nous en
a conservé un exemple poétique, sur la stèle dres-
sée entre les pattes du grand Sphinx de Gizeh. En

[1] Stèle de l'intronisation (MARIETTE, *Monuments divers*, pl. 9).
Le conte du roi Petoubastis nous signale une intervention analogue (cf. G. MASPERO, *Contes populaires*, 4ᵉ éd., p. 262).

ce temps-là, le futur roi Thoutmès IV n'était qu'un prince royal adolescent, d'avenir encore incertain, et voici ce que la stèle raconte :

« L'an 1, le mois d'Athyr, le 9ᵉ jour. — ... En ce temps, S. M. faisait campagne pour son plaisir sur la lisière montagneuse du nome du Mur Blanc, au sud et au nord, pour tirer à la cible avec des flèches, et pour tirer les lions et les antilopes... Il y avait un grand enchantement en cette place vénérable depuis les premiers temps... à cause du Sphinx, image de Cheprâ, le grand dieu qui reposait en cette place; le grand en âmes, l'auguste redouté (les Arabes appellent encore le Sphinx « père de la terreur »)... Et il arriva que vint le fils royal Thoutmès, vers l'heure de midi, pour se délasser à l'ombre de ce grand dieu, et le sommeil le prit... et la majesté de ce dieu trouva ceci de lui parler de sa bouche, comme parle un père à son fils, disant : «Regarde-moi, contemple-moi, ô mon fils Thout-«mès, c'est moi ton père Harmachis-Cheprâ-Tou-«mou ; je te donne la royauté dans les deux pays..., «et tu porteras la couronne blanche et la couronne «rouge... Soit à toi la terre en sa longueur et en sa «largeur. L'œil brillant du Maître-de-tout lancera «sur toi ce qui est dans les deux terres, les grands «tributs de tous les pays étrangers, une durée de

« vie... grande pendant des années, car ma face est à
« toi, mon cœur est à toi, nul autre (que toi) n'est
« à moi. Or le sable de la montagne sur laquelle je suis
« m'inonde... je te favorise pour que tu fasses ce qui
« est dans mon cœur, car je connais ceci que tu es
« mon fils, mon défenseur. Approche, me voici avec
« toi, je suis (ton père)... [1] ».

Dans des circonstances plus tragiques, le succes-
seur de Ramsès II, Minephtah, reçut d'une statue
de Phtah, son patron, un avertissement pro-
phétique. Les Libyens venaient d'envahir le Delta ;
pour rassurer ses troupes, le roi alla se mettre à
leur tête et lança de belliqueuses proclamations,
tout en étant fort inquiet du sort de ses armées.
Mais une nuit, la statue de Phtah lui apparut, levant
vers lui son glaive recourbé en signe de protection,
et le dieu lui traça le plan de campagne qui devait
amener la victoire [2].

Nous trouvons enfin dans les contes populaires
maints exemples de véritable incubation dans les
temples. Voici comment, d'après le conte démo-
tique de Satni-Chaʿmois (qui date de l'époque ptolémaïque), procédaient les femmes stériles de Mem-

---

[1] Lepsius, *Denkm.*, III, 68.
[2] Mariette, *Karnak*, pl. 53.

phis, pour avoir un enfant ; elles allaient au temple d'Imhotep, fils de Phtah, et le priaient ainsi : « Tourne vers moi ta face, mon seigneur Imhotep ; c'est toi qui accomplis les miracles et qui es bienfaisant dans tous tes actes ; c'est toi qui donneras un fils à qui n'en a pas. Entends ma plainte, rends-moi enceinte d'un fils mâle. » Or la femme de Satni alla ainsi coucher dans le temple, et eut un songe ; une voix disait : « N'es-tu pas la femme de Satni, qui dors dans le temple pour recevoir un remède à ta stérilité des mains du dieu. Quand le matin sera venu, va-t'en à la fontaine de Satni, ton mari, et tu y trouveras un pied de colocase qui y pousse. Tu l'attacheras avec ses feuilles, tu en fabriqueras un remède que tu donneras à ton mari, puis tu te coucheras près de lui et tu concevras de lui la nuit même. » Ainsi fit la femme de Satni et elle eut un fils [1].

Dans ce même conte, il est question d'un magicien égyptien, Horus, qui, provoqué par un confrère éthiopien, aurait été battu sur le terrain des conju-

---

[1] G. Maspero, *Contes populaires*, p. 136. Il faut rattacher aussi à l'incubation dans les temples ce que l'obélisque du Pincio, à Rome, nous dit d'Antinoüs divinisé : « (En son temple d'Antinoé), il exauce la prière de qui l'implore et guérit le malade en lui envoyant un rêve» (Erman, *Religion égyptienne*, p. 337).

rations magiques, s'il ne s'était rendu au temple de Thot : «là il se coucha dans le temple, et il eut un songe... et la statue du grand dieu Thot lui parla, disant : «N'es-tu pas Horus, le chef du secret de «Pharaon? Donc, au matin de demain, entre dans «la salle des livres du temple de Chmounou; tu y «découvriras un naos clos et scellé, tu l'ouvriras et tu «y trouveras une boîte qui renferme un livre, celui-là «même que j'écrivis de ma propre main. Tire-le, «prends-en copie, puis remets-le à sa place, car c'est «le grimoire même qui me protège contre les mauvais «et c'est lui qui protégera Pharaon, qui le sauvera «des sorcelleries des Éthiopiens.» Et Horus triompha de son confrère.

Les statues, dit Hermès Trismégiste, frappent de maladies quiconque les irrite. En voici une illustration : Un certain Ounamon fut envoyé en Phénicie par un roi de la XXe dynastie à l'effet d'y chercher du bois de construction pour la barque d'Amon. Cet Ounamon, ambassadeur humain, emmenait avec lui, comme ambassadeur divin, une statue d'Amon-du-Chemin, c'est-à-dire d'Amon-Voyageur. Or il s'éleva des difficultés entre l'ambassadeur égyptien et le prince de la ville de Byblos qui le retint dix-neuf jours dans son port, l'empêchant de poursuivre sa mission. C'est alors que la statue du dieu égyptien, offensé plus encore qu'Ounamon, fit bien voir sa puissance. Un jour que le prince de Byblos sacrifiait au temple, le dieu (Amon) saisit un de ses pages et le fit tomber en convulsions. Et le page, tout en trépignant, criait qu'il fallait traiter le dieu égyptien avec plus d'égards et laisser partir le messager d'Amon qui était avec lui [1]. Le prince de Byblos s'exécuta, non sans rechigner, non sans réclamer un grand prix pour le bois de la barque d'Amon.

Après la statue qui jette le mauvais sort, voici la statue guérisseuse.

La stèle de Prisse d'Avenne, qui est à la Bibliothèque nationale, nous raconte une guérison miraculeuse au temps de Ramsès II. Le roi venait d'épouser Neferourâ, fille du prince de Bachtan (pays fabuleux d'Asie Mineure) lorsqu'un messager de ce prince vint lui dire: «Je viens à toi au sujet de Bentreš, la sœur cadette de la royale épouse Neferourâ, car un mal pénètre ses membres. Que Ta Majesté fasse partir un savant pour la voir.» Ramsès envoya un de ses scribes de la double maison de vie, qui «trouva Bentreš en l'état d'une possédée, et il trouva le revenant qui la possédait un ennemi rude à combattre».

_____

[1] Maspero, *Contes populaires*, p. 220; cf. p. 228.

Le scribe n'osant pas défier un tel adversaire, le prince de Bachtan envoya un second message pressant à Ramsès. Celui-ci eut alors recours au dieu Chonsou de Thèbes et fit venir la statue d'une de ses formes secondaires, « Chonsou qui règle les destinées, qui chasse les étrangers ». Mais d'abord il demanda au grand Chonsou : « S'il te plaît de tourner ta face à Chonsou-qui-règle-les-destinées, on le fera aller à Bachtan. » Le dieu approuva de la tête, fortement, par deux fois. Alors Sa Majesté dit : « Donne-lui ta vertu (*sa*) que je fasse aller là ce dieu à Bachtan pour délivrer la princesse. » Et Chonsou le Grand, approuvant encore de la tête, fortement, par deux fois et étendant les mains, fit la transmission de vertu magique (*sa*) et les passes nécessaires à Chonsou-qui-règle-les-destinées, par quatre fois. On embarque la statue du dieu avec une suite nombreuse, « sur une barque grande, escortée de cinq nacelles, de chars, de chevaux nombreux qui marchaient de droite et de gauche ». Lorsque ce dieu fut arrivé à Bachtan en l'espace d'un an et cinq mois, voici que le prince vint avec ses soldats et ses généraux au-devant de Chonsou, et il se mit à plat ventre, disant : « Tu viens à nous, sur l'ordre du roi des deux Égyptes. » Et voici, dès que ce dieu fut allé au lieu où était Bentreš, et qu'il eut fait les passes magiques (*setep-sa*) à la princesse, elle se trouva bien sur-le-champ, et le revenant qui était avec elle dit en présence de Chonsou : «Viens en paix, dieu grand qui chasses les étrangers, Bachtan est ta ville, ses gens sont tes esclaves, et moi-même je suis ton esclave. Je m'en irai donc au lieu d'où je suis venu afin de donner à ton cœur satisfaction au sujet de l'affaire qui t'amène, mais ordonne ta Majesté qu'on célèbre un jour de fête pour moi et le prince de Bachtan. » Le dieu fit à son prophète un signe de tête approbateur pour dire : « Que le prince de Bachtan fasse une grande offrande devant ce revenant. » Or, tandis que cela se passait entre Chonsou et le revenant, le prince de Bachtan était là avec son armée, frappé de terreur. Et lorsqu'on eut fait une grande offrande par-devant Chonsou et le revenant, en célébrant un jour de fête en leur honneur, le revenant s'en alla en paix au lieu qui lui plut, selon l'ordre de Chonsou.

La mission du dieu était finie, mais le prince de Bachtan avait trop admiré la puissance de la statue pour ne pas convoiter de la garder en sa possession. Il s'en entretint avec son cœur, disant : «Puisque ce dieu a été donné au Bachtan, je ne le renverrai pas en Egypte. » Mais il avait compté sans son hôte. La statue lui fit savoir en songe sa volonté de partir.

Or, après que ce dieu fut resté trois ans et neuf mois au Bachtan, comme le prince de Bachtan était couché sur son lit, il vit en songe ce dieu sortant de sa châsse, sous forme d'un épervier d'or qui s'envolait vers l'Égypte ; lorsqu'il s'éveilla, il était tout frissonnant, et il laissa repartir Chonsou, comblé de cadeaux, vers l'Égypte [1].

Ainsi, les statues divines jouent un triple rôle : elles conseillent, protègent, guérissent ; elles sont un véritable palladium pour la famille royale et pour l'Égypte. Aussi faut-il voir avec quel empressement Assyriens et Perses, lors de leurs invasions en Égypte, mettent la main sur les statues et les emportent dans leurs lointaines capitales, comme le plus précieux des butins. Les premiers Ptolémées à leur tour iront reprendre ces statues dans la terre étrangère et se glorifieront de les avoir ramenées en Égypte et rendues à leurs sanctuaires. La raison de ce zèle pieux, ce n'était pas seulement parce que la statue est la forme animée du dieu, où il manifeste sa vie et son pouvoir, c'est aussi que, grâce à cette forme matérielle, l'homme prend sa revanche et a désormais prise sur lui, peut le lier et le contraindre.

En effet, nous n'avons envisagé jusqu'ici que le

____

[1] Maspero, *Contes populaires*, p. 187-190.

rôle actif des statues; or elles ont un rôle passif non moins important : si les images vivantes des dieux favorisent les hommes, c'est en échange de bons offices réciproques, tels que relever leurs sanctuaires, édifier de nouveaux temples, ou même désensabler leurs assises comme le Sphinx le demande à Thoutmès contre la promesse d'une couronne. Toutefois le principal service que les dieux attendent des hommes, c'est le culte, un culte régulier, permanent, qui maintiendra dans ces effigies de pierre, de bois ou de métal la vie divine. Ce culte qu'on rend aux images des dieux est le même qu'on offre aux statues humaines. Aussi n'aborderons-nous cette question qu'après avoir parlé à leur tour des statues des hommes.

De même nature que celles des dieux, on les appelle également des «images vivantes». Nous avons conservé des temples de la XIIe, XVIIIe et XIXe dynasties, où les Pharaons se font élever des «statues vivantes de milliers d'années»; celles que de simples particuliers se dédiaient à eux-mêmes avaient probablement le même caractère (pl. I).

La réalisation de ces statues est d'ailleurs plus aisée que celle des dieux. Pour représenter les hommes, il suffira d'imiter la nature, de copier

3.

fidèlement les traits de l'original, d'assurer la ressemblance parfaite de la physionomie, car le corps pourra rester à l'état d'ébauche sommaire et stylisée; on créera ainsi une seconde forme de l'individu, artificielle, factice encore, mais sur laquelle les ressources de la magie pourront s'exercer, que les rites du culte pourront animer.

Les statues pourraient se ramener en effet à deux grandes catégories : 1° celles qui se prêtent aux opérations ordinaires de la magie; 2° celles qui servent au culte.

La magie se pratique au bénéfice soit des vivants, soit des morts. On emploie à cet effet des statuettes réduites, figurines de petite taille, de facture hâtive et de matière commune, cire, terre émaillée, calcaire, bois. Les figurines de cire se prêtent surtout pour la réalisation d'un but immédiat; leur usage dans la vie journalière nous est confirmé par les contes populaires et les documents officiels. Ainsi le conte du roi Cheops et des magiciens (XIIᵉ dyn.) met en scène un certain Oubanouanir, premier lecteur du roi, que sa femme trompe avec un personnage de moindre importance; renseigné par le bavardage des domestiques, il se fait apporter une cassette en bois d'ébène qui contient un livre magique; puis il modèle avec de la cire un crocodile long de 7 pouces, récite sur lui ce qu'il y a dans le grimoire, si bien que le crocodile, jeté dans le Nil, se change en un saurien de 7 coudées (3 m. 60), saisit le complice de la femme adultère et l'emporte sous l'eau [1].

Même procédé dans le conte ptolémaïque de Satni. Là, un personnage veut se rendre par eau à l'endroit secret où se trouve un coffret plein de livres magiques; il se procure de la cire, fabrique une barque avec ses rameurs et son équipage, récite sur eux des incantations, les anime, leur donne la marche et le geste, et part en expédition sur cet esquif magique.

Ces pratiques n'existaient pas qu'à l'état de fables ou dans les superstitions populaires. Nous possédons une pièce d'archives qui relate le procès instruit par Ramsès III contre des conspirateurs, dirigés par un des fils royaux. Celui-ci aida un haut fonctionnaire de la cour à se procurer des livres magiques dans la bibliothèque royale; armé de son grimoire, ce personnage «fascina» les gens du palais, «ensorcela» les servantes du harem, «fabriqua des écrits de souhait» et des «hommes de cire» sur lesquels il prononça des conspirations maléfiques... mais

______

[1] Maspero, *Contes populaires*, p. 26-28.

Pharaon fut prévenu à temps [1]. Or si l'on osait employer l'envoûtement contre la personne sacrée du roi, contre les gens de sa cour, combien plus devait-on s'en servir pour les vengeances et les passions de la vie quotidienne!

Enfin, les statuettes magiques offrent aux défunts une source de commodités inépuisable. Il y a d'abord, dans les tombeaux, les *Ousabtiou* qui représentent le défunt ou un de ses esclaves [2] avec la pioche et un sac à grains, prêt à aller exécuter la corvée personnelle que le roi Osiris exige dans l'autre monde, comme Pharaon l'exigeait de ses sujets. Toutefois, une formule, extraite du chapitre vi du *Livre des Morts,* et gravée sur la figurine, fait que celle-ci se substitue au défunt et s'anime pour répondre à sa place. Lorsqu'on appellera l'Osiris un tel pour labourer la terre, couper la moisson, désensabler les canaux, c'est la figurine qui s'ébranlera, disant : «Me voici» ou «C'est fait» [3], et qui ira peiner, aux lieu et place du mort, dans les champs Iarou de l'autre monde.

[1] *Papyrus Lee;* cf. l'article sur la Magie, dans A. Moret, *Au temps des Pharaons.*

[2] Sur cette double signification des *répondants,* cf. les textes cités par Gardiner (*Aeg. Zeitschrift,* XLII, p. 58) et Spiegelberg (*Ä. Z.,* XLIX, p. 127).

[3] Inscription d'Amenhotep, ap. Piehl, *Inscr. hiér.,* I, pl. 106.

Magiques encore ces figurines de serviteurs que, vers la XIIe dynastie, on trouve par quantités dans les tombeaux des grands : boulangers, bouchers, pâtres, ouvriers de tous métiers, ils sont là, peints ou gravés sur les parois, et reproduits encore en ronde bosse[1], prêts à s'animer à la voix du maître, et à continuer pour lui leur ouvrage pendant des siècles. Certes, ils servent encore après la mort, mais du moins ils revivent; ils échappent à la destinée du pauvre, également hasardeuse ici-bas comme dans l'au-delà, et, associés au possesseur du tombeau dans une belle et solide «maison d'éternité», ils troquent leur travail contre la sécurité du gîte et de la nourriture.

D'autres statues, en général aussi des figurines, ont pour rôle de protéger le défunt contre les éventualités de la vie future : pillards, mauvais esprits, etc. Elles portent donc une formule magique qui assure au mort une protection déterminée. C'est ainsi qu'à l'époque thébaine toute tombe comportait régulièrement sur un des quatre côtés une niche où l'on plaçait la statue du mort. On divinisait cette image et on la rendait vivante par les formules de

---

[1] Cf. BORCHARDT, *Die Dienerstatuen*, ap. *Ä. Z.*, XXXV, p. 119 et suiv.; G. MASPERO, *Figures et scènes en ronde bosse*, ap. *Causeries d'Égypte*, p. 351 et suiv.

l'Ouap-ra, puis on l'ornait d'un sceptre et d'une massue en disant : «Aie une âme, sois fort, défends l'Osiris N. contre ses ennemis; qu'ils les frappe tous et qu'eux perdent la vie à jamais [1]. » D'autre part, une statue de scribe, qu'on a trouvée dans la tombe de Ramsès II, porte une formule pour forcer la statue à témoigner pour lui au jour du jugement d'Osiris : «Ma statue, te voici dans le lieu de la justice, avec le maître des dieux; commémore mon nom en présence d'Ounnefer; sois un témoin; aie le rôle d'un grand et d'un protecteur; place-moi derrière (à la suite d')Osiris... [2]. »

Quelle que soit l'importance qu'à certaines époques on a pu attribuer à ces figurines et statuettes magiques, leur exiguïté, leur pauvreté d'exécution et de matière témoignent néanmoins qu'elles jouaient dans la religion et l'art un rôle secondaire. Les statues par excellence, à cause de leurs dimensions, de leur forme et surtout de leur intention, sont les statues destinées au culte funéraire.

Ici encore, il conviendrait de distinguer entre les

[1] Ed. NAVILLE, *Stèle orientée de Marseille;* cf. LEFÉBURE, *Rites égyptiens,* p. 25.

[2] DE ROUGÉ, *Inscr. hiér.,* pl. XXX; cf. LEFÉBURE, *ibid.,* p. 25 et 102.

statues rituelles proprement dites et celles qui ont surtout un caractère commémoratif. Les premières sont un héritage de la tradition osirienne. D'après les rituels, c'est le fils aîné qui est censé modeler de ses propres mains la statue de son père :

« J'ai conçu mon père en (sa) forme divine, j'ai fabriqué mon père; j'ai fait une statue de mon père, je l'ai modelé sous forme de grande image [1]. »

Ce rite est une imitation des procédés qui ressuscitèrent Osiris. Celui-ci avait été assassiné et démembré par Seth. Pour ranimer son père, Horus modela une image du corps reconstitué et lui donna vie par des charmes magiques. Chaque fils devait agir de même vis-à-vis de son père mort. Ainsi s'exprime Ramsès II quand il décrit les rites célébrés pour son père Séti Ier. « Je suis un fils qui protège son père, tel qu'Horus qui protège Osiris; qui façonne celui qui l'a façonné; qui enfante celui qui l'a enfanté; qui fait vivre le nom de qui l'a engendré [2]. » En résumé, il faut supposer qu'à l'origine, au moment

----

[1] Cf. A. Moret, *Rituel du culte divin*, p. 223 :

[2] Mariette, *Abydos*, I, pl. VI, l. 1 :

de rendre le culte, aux dieux comme aux morts, on modelait une statuette de terre ou de cire, on leur façonnait un corps complet, que les rites allaient ranimer. Puis des statues en bois, en pierre, etc., exécutées par des artistes professionnels, partant exactes et ressemblantes, remplacèrent les fragiles figurines et furent les images durables des corps reconstitués. C'est sur ces statues qu'on pratiquait le culte pour les funérailles. Celui-ci, dans ses grandes lignes, consistait à purifier, par l'eau et l'encens, la statue représentant le défunt, à simuler la renaissance du mort par « le passage par la peau », à ouvrir bouche, yeux, oreilles et remuer les membres pour y réveiller la vie et le mouvement abolis, enfin à ramener dans le corps factice l'âme, égarée au moment de la mort. Ceci fait, on assimilait la statue au dieu Osiris, démembré, puis reconstitué et ranimé; on adjurait l'« image vivante » de revivre comme le dieu, elle recevait le repas qu'on offrait aux dieux, le costume, les sceptres, les couronnes qui sont ceux des dieux, et c'est comme une divinité qu'on la déposait dans le tombeau où elle reposera à jamais béatifiée. Par le culte, on attribue à la statue

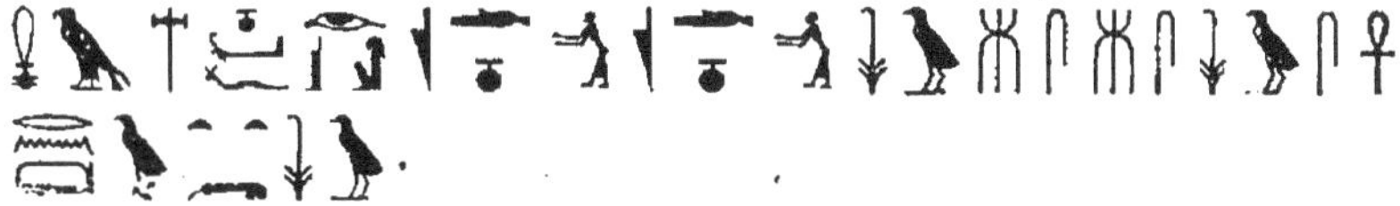

une vie divine et éternelle. Ces mêmes rites, on les célèbre pour les statues des dieux, dans les temples, afin d'assurer leur immortalité.

Telle est, en principe, l'utilité de la statue funéraire. En pratique, on a multiplié les statues à plusieurs exemplaires, par mesure de précaution, et on les a aussi dédoublées dans leur emploi.

a) Nous avons celles qui sont enfouies au fond du tombeau, dans le *serdab*. Le jour des funérailles, on exécutait sur ces statues les rites qui les consacraient. Après quoi, elles étaient à jamais séparées des vivants, car le *serdab* est muré après la cérémonie et ne communique avec la chapelle du tombeau (pl. VI) que par un soupirail étroit, par où passent la fumée des offrandes et le souffle des prières. Cela suffirait à entretenir l'immortalité du défunt, en maintenant la vie dans ses images; pourtant, par un surcroît de prudence, les Égyptiens ont placé dans le naos des chapelles d'autres effigies qui restent accessibles aux vivants.

Ces statues du serdab et des chapelles, quand elles ne sont pas nues (pl. II), représentent le défunt, revêtu du costume qu'il portait dans sa vie et des attributs de sa profession. Ce sont de véritables portraits de l'individu, fixé dans la posture et les occupations qui lui étaient familières, et, de préférence, lorsqu'il était jeune, ou au plus beau moment de sa carrière : tels sont les portraits si connus du Cheik el-Beled au Caire, du scribe accroupi[1] etc.; telles, les figures en ronde bosse ou en relief qui décorent les parois de tant de tombeaux. Sur d'autres exemplaires le corps est représenté d'une façon conventionnelle, mais la tête vise toujours à la ressemblance[2]. Ces images, qui mettent le défunt en flatteuse attitude devant la postérité, servaient à «établir son nom» à perpétuité; devant elles on déposait les offrandes apportées par la familles ou les prêtres, venant, à dates fixes, entretenir le culte du parent disparu.

b) Les statues rituelles, qu'on donnait en garde aux «serviteurs du Ka», *hemouka* 𓍿 confréries avec qui le défunt avait passé contrat pour l'entretien à

---

[1] Trouvés l'un et l'autre dans la chapelle extérieure des tombeaux (Mariette, *Mastabas*, p. 129 et 151).

[2] Dans des tombeaux de l'Ancien Empire, on trouve des têtes en calcaire, traitées comme des portraits d'après le modèle vivant (fouilles de Reisner à Gizeh, ap. *Museum of fine Arts Bulletin*, n° 76, avril 1915); on ne sait si l'on se contentait, pour le culte, de la tête ressemblante du défunt, ou si on la fixait sur un corps confectionné à part, non d'après l'original, mais conventionnel. Cf. Ed. Naville, *Aeg. Z.*, XLVIII, p. 110, et notre pl. III.

perpétuité de son culte [1]. Ces statues devaient être légères, maniables et portatives puisque nous voyons les «serviteurs du Ka» les transporter à certaines dates dans les temples afin d'associer leurs titulaires aux rites célébrés pour les dieux.

c) Enfin, des statues commémoratives de certains défunts peuvent être placées à demeure dans les temples par faveur spéciale du roi [2] (⟦hieroglyphs⟧ *di m hstou nt ḥr nsout*) et par autorisation dûment motivée. Les images de ces élus participent aux liturgies du culte divin, en récupèrent les divers bénéfices, s'alimentent à la table des dieux, et témoignent, par leur présence auprès des immortels, que leur vie vertueuse a mérité cette compagnie des dieux. Elles sont donc là à la fois pour la glorification et pour le culte du défunt (pl. V).

Ces renseignements, que donnent les textes gravés sur les statues retrouvées dans les temples et les tombeaux, sont confirmés par ce que nous ont appris

---

[1] D'après les contrats des princes de Siout avec les «serviteurs de Ka» de leur nome. (Voir aussi la stèle 134 du *British Museum*, étudiée par H. SOTTAS, *la Préservation de la propriété funéraire*, p. 3, n. 1.)

[2] Cet usage date au moins de la VIe dynastie (Fl. PETRIE, *Abydos*, II, pl. 19).

les contrats passés par les princes de Siout sur l'emploi des statues et leur nombre. Un prince de cette localité, sous la XIIe dynastie, en possédait cinq :

Une installée à l'étage inférieur du tombeau, serdab ou chapelle, (〔hiéroglyphes〕 (l. 307); elle reçoit le culte et des offrandes (pl. IV).

Une statue dans le domaine funéraire du prince, 〔hiéroglyphes〕 (l. 318); celle-ci, évidemment, est plutôt commémorative, destinée à faire refleurir le nom et le souvenir du prince défunt, hors de la tombe et aux yeux de la postérité. Les « serviteurs du Ka » la transportent aux jours de fête jusqu'au temple de la ville (pl. VI).

Une statue à la disposition, « sous la main » du « serviteur du Ka » 〔hiéroglyphes〕 (l. 276), qui reçoit nécessairement les rites funéraires.

Deux statues déposées, l'une dans le temple du dieu Oupouat de Siout 〔hiéroglyphes〕 (l. 291), l'autre dans le temple d'Anubis de Roqert (l. 274). Celles-ci participent aux fêtes et repas des dieux.

Il est probable que les grands personnages seuls pouvaient faire les frais d'un culte funéraire aussi bien muni et de statues aussi variées [1]; cependant pour les pauvres gens restait la possibilité d'avoir un grand nombre de statuettes à bon marché, qui, en théorie, remplaçaient les grandes statues et suffisaient à l'exécution des rites.

Nous voici arrivés à une question d'intérêt essentiel : qu'est-ce qui anime la statue de l'homme ou du dieu? La réponse nous est donnée par des textes très explicites, dont on n'a pas, jusqu'à présent, tiré tout le parti possible. Un papyrus du Nouvel Empire, conservé à Leyde, donne, à propos d'Amon, cette définition très claire : «Son âme est au ciel, son corps dans l'Amenti, sa statue dans Hermonthis pour servir de support à ses apparitions [2]. » D'autres

[1] Sous la V° dynastie, Phtahshepses avait 9 statues dans son serdab, Râhetep 19 (MARIETTE, *Mastabas*, p. 132, 159); la plupart des statues trouvées dans les serdab ou les chapelles sont au musée du Caire (cf. BORCHARDT, *Statuen von Königen und Privatleuten*).

[2] Alan H. GARDINER, *Hymns to Amon*, ap. *Aegyptische Zeitschrift*, XLII, 1905, p. 33 :

textes sont encore plus explicites : un document fort ancien, qui date probablement de l'Ancien Empire, mais conservé dans une rédaction postérieure, raconte que lorsque le Démiurge a créé les dieux « il les a dotés de sanctuaires, il a modelé en statues leurs corps pour qu'y reposent leurs cœurs, ainsi les dieux entrent dans leurs corps, que ceux-ci soient de bois, de pierre ordinaire ou de pierre précieuse quelconque... »[1]. Cette même expression « *le dieu entre dans* », pour définir qu'il anime sa statue, reparaît dans les hymnes à Amon de Leyde : « Tu es dans le Douait (l'autre monde) pour entrer dans ta statue qui est dans le naos[2]. »

Mais la difficulté principale n'est pas encore résolue. Quelle est la partie du dieu qui vient animer ce corps matériel que leur offre la statue ?

On a cru longtemps que les statues étaient habitées par le *Ka*, et on définissait le *Ka* une espèce d'« âme corporelle », un « double », reflet de l'être

______

[1] Breasted, *The philosophy of a priester of Memphis*, ap. *Aeg. Zeitschrift*, XLII, p. 48, 1. 59-60 :

[2] Gardiner, *l. c.*, p. 33.

vivant, qui, pendant la vie, s'appuyait sur le corps, s'identifiait avec lui, et, après la mort, détaché du corps, se retirait au tombeau (appelé : *demeure du Ka*) et se fixait sur les statues.

Ce n'est pas le lieu ici de discuter cette notion du *Ka*, qui apparaît plus obscure et plus complexe qu'on n'avait imaginé. J'ai envisagé ailleurs[1] un des aspects du Ka dans ses analogies lointaines avec l'idée de Totem. Plutôt qu'une des formes de l'âme, le *Ka* semble désigner l'ensemble des forces vitales, impérissables, ou la parcelle de cette substance collective, de cette énergie universelle, incarnée en un être, un individu, un objet. Il suggère donc toujours l'idée de chose indestructible et éternelle. Le tombeau, appelé *maison du Ka (Hat-Ka)*, peut signifier «la maison d'éternité»; les prêtres du tombeau, *serviteurs du Ka (Hemou-Ka)*, sont les servants de la substance éternelle symbolisée par le *Ka*. Rien n'indique que le *Hat-Ka* ni les *Hemou-Ka* soient spécialement l'un le domicile, l'autre les serviteurs d'un *Ka* résidant dans les statues. Aucun texte ne permet de dire que les statues sont habitées par le *Ka*, ou, comme on le disait, sont des *statues de Ka*. Les statues des tombeaux, nous en sommes certains,

---

[1] Cf. A. Moret, *Mystères égyptiens*, p. 199 et suiv.

représentent non point le *Ka*, mais le défunt lui-même, sous une forme de bois ou de pierre qu'un esprit vient animer.

Mais cet esprit n'est point le *Ka*. En revanche, parmi les différentes sortes d'âmes que les Égyptiens attribuaient aux hommes : le nom, l'ombre, l'âme-oiseau, *Bi*, c'est cette dernière que l'on voit en relation avec le corps ou les statues du défunt et celles des dieux. Maints textes décrivent, maintes figures représentent l'âme-oiseau descendant au fond du tombeau pour visiter la momie et contempler ce qui fut son corps [1]. D'autre part, dans le rituel du culte des statues (*ouap-ra*), alors qu'il n'est jamais question de faire récupérer son *Ka* à la statue, au contraire on lui «rapporte l'âme *Bi*», pour rendre au corps figuré ses facultés physiques et intellectuelles, en un mot pour le ranimer. Ajoutons qu'à la basse époque, le défunt est représenté parfois debout avec un corps d'oiseau *Bi*, ou affublé du plumage qui caractérise le *Bi* [2]. Ces figurines

---

[1] G. Maspero, *Histoire*, I, p. 198-199; cf. p. 179 et 183. Sur une stèle du *British Museum* (XII° dyn., n° 120), on voit le corps du défunt visité par l'âme, qui a ici la forme d'un homme de petite taille ; le corps ranimé la prend dans ses bras et l'approche de sa bouche (*Hier. Texts, Eg. Stelae, Brit. M.*, I, pl. 54).

[2] Woolley and Mac Iver, *Karanôg*, 1910. — Cf. G. Maspero, *Guide du Musée du Caire*, 1912, p. 241-244.

n'ont été retrouvées, jusqu'ici, que dans les tombes d'Egyptiens émigrés en Nubie, lors de l'exode des prêtres d'Amon à Napata ; nous ne devons donc point généraliser d'après cet exemple isolé. Cependant les seules statues d'âme certaines représentent celle-ci sous la forme du *Bi* et non sous la forme du *Ka*.

N'oublions pas, enfin, cette restriction : si l'âme *Bi* visite momies ou statues, elle n'y réside pas d'une façon permanente. Les rituels définissent ainsi les sphères d'activité de l'âme et du corps : « L'âme au ciel, le corps à la terre ou dans le Douait ». Rien ne nous autorise à supposer que l'âme restait pour toujours dans une statue : elle n'y séjournait que suivant son caprice ou quand elle y était appelée par les rites du culte ou de la magie.

C'est là tout ce que nous savons sur la « vie » des statues égyptiennes. Le sujet offre encore bien des obscurités. Mais devons-nous être plus exigeants que les Égyptiens mêmes, et demander à leurs conceptions une clarté dont ils ne sentaient probablement pas le besoin et qui manque chez nous à beaucoup de nos idées religieuses? Tout ce qui ressort des textes peut se résumer ainsi :

Les Égyptiens faisaient des statues des dieux et des hommes pour les besoins du culte et de la magie. La statue est un corps que l'esprit du dieu ou de l'homme vient habiter si on l'y fait entrer par les ressources de la magie. Cela est utile aux adorateurs du dieu qui, possédant le dieu sous sa forme tangible, l'asservissent à leurs prières et à leurs incantations; alors on en use pour les besoins de la vie journalière : protection, guérison, prophéties, sortilèges, maléfices. Mais cela est utile aussi aux dieux et aux hommes, dont le corps ne peut échapper à la mort. Façonner une effigie ressemblant le plus possible à l'original, la consacrer, l'animer par une formule magique, voilà le moyen de recréer un corps vivant, pratiquement indestructible. Sans doute les Égyptiens s'efforçaient de conserver le corps lui-même, par la momification. Mais la momie est descendue au fond d'un puits muré et devient donc inaccessible pour le renouvellement des rites; d'autre part, dans la momie desséchée, plus rien ne subsiste du charme et de la fraîcheur de la vie. D'où l'utilité de fabriquer une statue qui donnera du défunt une image ressemblante et tangible sur laquelle on pourra recommencer les rites sacrés qui rappellent ou entretiennent la vie; la statue offre encore cet avantage de pouvoir être multipliée à un nombre d'exemplaires que limitent seuls le coût de la main-d'œuvre ou l'exiguïté de la tombe.

La statue est donc un autre corps du défunt ou du dieu; ce corps, consacré par les rites funéraires ou divins, garde une vie latente, qui devient consciente et agissante, toutes les fois que le dieu ou l'élément spirituel de l'homme visite la statue comme « support de ses manifestations ».

Ces conceptions ont dû évoluer et s'altérer au cours de la longue histoire d'Égypte. A l'époque memphite, on croyait certainement que l'âme habitait le tombeau ou ne s'écartait guère de la région funéraire, et nous devons supposer que l'on se représentait momie et statue comme hantées continuellement par l'esprit du défunt. Dans les siècles suivants, nous constatons que le séjour des âmes justes a été transporté au ciel; l'union permanente du corps et de l'élément spirituel est donc dissoute, la statue n'est plus visitée que lorsqu'il plaît à l'âme désincarnée de revenir se poser sur sa momie, ou lorsque la force des rites magiques la rappelle dans son corps artificiel.

Réduites à ce rôle de simples copies du corps, où se rallumait par intervalles une vie magique, les statues égyptiennes n'en gardent pour nous que davantage leur caractère de vérité humaine et restent des œuvres de foi. Si cette vie magique est abolie

pour nous, l'art, magicien éternel, les ranime encore
à nos yeux. Par le réalisme voulu et l'expression
idéale de leurs visages inspirés, les statues égyptiennes restent aujourd'hui encore des «images
vivantes».

NOTE SUR LE HAT-KA ET LE SERDAB.

M. Junker a trouvé en 1913 dans la nécropole de la
IVe dynastie, située à l'ouest de la seconde grande pyramide
(*Chephren*), un tombeau où la chambre aux statues (*serdab*)
semblait désignée, par une inscription gravée au-dessus,
sous le nom de *hat-ka* «maison du *Ka*». Il en déduisait que
c'était une confirmation précise de la théorie d'après laquelle
le *Ka* résiderait dans les statues du serdab, puisque l'endroit
qui contient ces statues s'appelle «maison du *Ka*». (Cf.
Anzeiger der phil. hist. Klasse. Akad. Wien, 1913, n° 14.)

J'ai examiné en avril 1914 l'inscription, et j'ai constaté
qu'avant les mots en question un groupe de signes important ▱ avait échappé à M. Junker. L'ensemble est le suivant :

▱ ce qui
signifie : «chambre des deux yeux, du *Hat-Ka* du scribe
royal intime, connu du roi, Râ-our». Le mot ▱ désigne soit sur les sarcophages, soit sur les stèles fausses-
portes, l'endroit où les yeux du mort (dans le cercueil, la
momie; derrière les stèles, la statue) viennent se placer
pour voir le monde des vivants; appliqué au *serdab*, ce

nom signifie «chambre où le mort regarde (par ses statues)» [1].

Ainsi, le texte rectifié indique le contraire de ce qu'avait
avancé M. Junker; le mot *hat-ka* ne désigne nullement le
serdab, mais l'ensemble du tombeau, dont fait partie la
chambre aux statues, appelée ⸗ *ptr*. Il n'y a ici aucun
argument nouveau qui établisse un rapport précis entre
le *Ka* et les statues, ou la chambre aux statues du
tombeau.

[1] La lecture du signe est probablement *ptr*. Aux textes des
Pyramides, le mot *ptr* ⸗ n'est pas seulement le verbe «voir»
mais forme aussi un substantif qui désigne un lieu qu'on met en
parallélisme avec le ciel, monde des dieux, la terre, monde des
hommes, et le sanctuaire; ce lieu recèle des «cavernes» ou
«cachettes» ; il est muni de portes; à ce titre, *ptr* convient très bien pour désigner le *serdab*, à porte fermée, lieu intermédiaire entre terre et ciel, cachette et sanctuaire où s'abrite la
statue du mort divinisé. (Cf. Sethe, *Pyrramidentexte*, Spr. 519, 503,
456.) — Le mot s'écrit aussi *pt*, sans *r* final (*Pépi* I, l. 414); on
fait, en l'employant sous cette forme, jeu de mots avec «ciel»,
pt, terme qui désigne aussi le sanctuaire. D'après les titres portés
par un monarque de Beni-Hasan (*B. H.*, I, 36) et d'autres
fonctionnaires (cf. GARDINER, ap. *Aeg. Zeitschrift*, 1910, p. 93),
depuis le Moyen Empire au moins, le mot ▦ désigne aussi la
chapelle où la statue du dieu Geb vit et voit dans le monde
terrestre. Sur la stèle de Metternich, le tabernacle où se cache
le dieu Sebek porte aussi le nom (ou le motif décoratif) écrit
par les deux yeux (GOLENISCHEFF, *Mett. stele*, pl. I rég. VI).

L'image vivante de Ramsès II
XIXe dynastie
(Musée de Turin)

Statue en bois de la VIe dynastie
Museum of fine arts Bulletin (Boston), XI, n° 66

Tête de femme

Tête d'homme

La tête de femme en place dans le mastaba de Gizeh (IVe dynastie).
Museum of fine arts Bulletin (Boston), XIII, n° 33

Présentation des offrandes et de l'encens à la statue du défunt
Tombeau de Merjmerj (Leyde)

Statue de Horsiisis
déposée au temple d'Amon, à Karnak, par faveur du roi.
(XXIIᵉ dynastie. — Caire, 42.210 Cat. Legrain)

*Les Hemou-Ka présentent l'encens à la
fenêtre du serdab.*
(Tombeau de Ti, pl. 132)

Transport de la statue au tombeau.
(G. Steindorff. Tombeau de Ti. pl. 66)

LE
KAÏLÂSA D'ELLORA,

PAR

M. V. GOLOUBEW.

Transportons-nous en pensée devant cette chaîne de montagnes sauvages qui s'élève, dans le cœur de l'Inde, au pays du Nizam.

Nul n'ignore ce que c'est que le Dekkan. C'est un pays où l'eau abonde pendant la saison pluvieuse; où la plaine devient, en été, aride et calcinée sous une poussière blanche; où l'on rencontre des montagnes d'une forme étrangement géométrique; où se dressent, à l'entrée des villages, des banyans majestueux et où des troupeaux de chèvres se dispersent parmi les haies de cactus et d'arbustes nains. Des nuits froides y succèdent, après un rapide crépuscule d'ambre et d'or, à de brûlantes journées.

Le Dekkan est très différent de l'Inde gangétique

avec ses plaines vertes, ses marécages boisés, ses innombrables villages, ses temples et ses étangs sacrés. Et de même, les races qui, bien avant que fussent conçus le Mahâbhârata et le Râmâyana, s'installèrent sur ces hauts plateaux, se distinguent sensiblement des Aryas de la plaine.

On se plaît à les désigner, ces Étrusques de l'Inde, comme un peuple ouralo-altaïque, au type mélanien, presque négroïde, fortement mélangé à des races autochtones. Rien de précis sur leur origine. Mais nous pouvons supposer qu'après de sanglants combats, ils cédèrent aux envahisseurs les forêts et les champs fertiles qu'ils occupaient jadis. Les souvenirs lointains, mais toujours vivants, de ces luttes acharnées se reflètent dans les vastes épopées de l'Inde et dans le grand dualisme religieux qui la divise encore de nos jours.

Il serait inexact de prétendre que le culte de Çiva et celui de Vishnu rassemblent et résument à eux deux toutes les croyances brahmaniques de l'Inde. Toutefois il est incontestable que le meilleur moyen de pénétrer sa pensée religieuse, et surtout quand il s'agit d'investigations littéraires et artistiques, est d'établir la distinction entre Çivaïsme et Vishnaïsme. Cette tâche n'est pas facile. Plus on analyse ces deux divinités, plus on s'aperçoit qu'en réalité il n'existe pas entre elles de limites précises. Si bien que l'on finit par les confondre. En fait, leur culte, joint à celui de Brahmâ, qui est sensiblement plus ancien et dont l'essence imprègne le brahmanisme philosophique, constitue le Trimûrti, c'est-à-dire la Trinité des Hindous.

Il en est autrement lorsqu'on envisage ces dieux sous leur apparence plastique et légendaire. Çiva et Vishnu nous apparaissent alors comme des antithèses. Est-il possible de ne pas entrevoir l'abîme qui s'étend entre le sombre et austère Çiva et le dieu solaire au visage lumineux, aux armes rayonnantes, dont les temples s'élèvent dans les plaines du Gange et de la Jumna? Vishnu protège les semences contre les tempêtes et le bétail contre les morsures venimeuses. A maintes reprises il devient un être réel. Le Mahâbhârata et le Râmâyana chantent ses exploits guerriers. Dans la Bhagavadgîtâ, il apparaît brandissant des armes invincibles, pareil à une montagne de lumière, avec de nombreux visages tournés vers les divers points de l'horizon. Sous l'apparence de Krishna adolescent, il attire les bergères en jouant de la flûte au bord des sources, dans l'ombre frémissante des ramilles. Des invocations multiples montent vers lui : « Gloire à toi, Seigneur universel ! Tu es l'éternité, la vérité suprême, la joie suprême !

Celui qui t'ignore demeure dans les ténèbres, car, seul, le dieu qui porte la tiare étincelante, la massue et le disque, peut nous délivrer de l'angoise mortelle. Tu as mille faces, mille bras, mille regards. Tu rayonnes comme le soleil lorsqu'il plane, à l'heure méridienne, dans un ciel sans nuages, ô Seigneur magnanime! Sur toi reposent la terre avec ses montagnes et ses fleuves, et la mer aux ondes infranchissables, dont la clameur est éternelle. Tu possèdes des perles sans nombre, des joyaux incomparables, des armes miraculeuses. L'univers est ton corps, et Brahmâ habite en toi! » Devant ce dieu, qui répandait sur la terre le bonheur et le bien-être, l'âme humaine devenait pareille à une offrande. A travers l'encens des temples, le fidèle de Vishnu croyait voir de riantes images : sur des prairies vertes, des troupeaux de bœufs blancs aux cornes dorées broutent l'herbe soyeuse... Ou bien c'est la rentrée des pâtres à la tombée de la nuit, dans la poussière dorée du crépuscule; c'est la récolte joyeuse au milieu des champs que la lumière fait vibrer...

Levons maintenant nos regards vers Çiva-Mahâdeva! Sur les cimes ardues et blanches du mont Kaïlâsa, il remue dans son âme l'univers entier. Les étoiles du soir effleurent de leurs rayons le front du sombre penseur; le croissant l'inonde d'une froide

lumière argentée. Des serpents s'enroulent autour
de ses bras et de son cou; une tête de mort termine
sa massue. Il est ascète, et, pareil à ses émules terrestres, les yoghis, il a le corps blanchi de cendres
et les cheveux noués sur le sommet du crâne. Nul
ne se risquerait à troubler sa solitude. Lorsque Kâma
aura eu l'audace de le blesser d'une de ses flèches
épanouies en lotus et aura fait naître en son cœur
l'amour passionné de la belle et douce Oumâ,
fille du roi Himâlaya, l'imprudent sera brûlé et
réduit en poussière par un seul regard de l'ermite
divin.

Il est difficile, sinon impossible, de préciser
l'époque à laquelle s'établirent dans l'Inde les cultes
de Vishnu et de Çiva. Ils n'appartiennent pas aux
temps védiques. Rien ne témoigne qu'à l'époque où
florissait le bouddhisme, c'est-à-dire aux derniers
siècles avant notre ère, ils aient déjà été en honneur.
Par contre les grandes épopées hindoues leur attribuent une influence prépondérante sur la destinée
des hommes. Toutefois, ici encore, il est possible
que l'on se trouve en présence de remaniements ou
d'interpolations. Vis-à-vis de ces dieux, nous demeurons dans la même incertitude que vis-à-vis des Immortels de l'antiquité classique : nous connaissons
leurs attributs, leur mythologie ; quant à leur origine,

elle se confond avec les forces élémentaires de la nature. Il est facile de discerner en Çiva les traits du Rudra des anciens chants. De même il paraît souvent être une incarnation d'Agni, dieu du feu. Et combien d'autres dieux oubliés renaissent en lui, dieux qui symbolisaient, dans les croyances primitives, la lutte ardente entre la vie et la destruction, dieux des orages dévastateurs et des pluies fécondes, dieux des flammes qui incendient les villes et dieux du foyer familial dont la paisible chaleur répand autour d'elle bonheur et bien-être ! Çiva est un dieu synthétique, et, comme tel, il est pareil à un fleuve majestueux dont les affluents et les sources se perdent dans l'inconnu.

L'âme du peuple se révéle dans ses aspirations religieuses. Les tribus du Dekkan sont ardemment çivaïtes. Çiva est leur protecteur et leur maître. Il n'existe pas de village où son emblème, le lingam, ne s'érige, décoré de soucis jaune-feu, enduit de couleur vermeille, sous la sombre couronne d'un banyan, et où l'on ne rencontre, dès les premières masures, l'image peinte ou sculptée de son fils, le bienveillant Gaṇeça, à la tête éléphantine. Pour le Dekkan, Vishṇu n'est qu'un dieu secondaire, et Brahmâ lui-même n'est qu'une émanation de l'être éternel et absolu : Çiva-Mahâdeva : « Quand l'océan, la terre, le feu, le vent seront anéantis, quand auront péri des milliers de Vishnus et des milliers de Brahmâs, Çiva rassemblera les têtes des dieux déchus, et de ces têtes il fera son collier. Et il dansera une danse inimitable. Et les crânes retentiront en se heurtant sur ses huit épaules. Il chantera des airs mystérieux que personne ne sait chanter, et goûtera des plaisirs que personne n'a connus. »

Mais la divinité de Çiva n'apparaît pas tout entière sous les traits farouches que lui prête cette poésie tamoule. Il y a autre chose en lui. Il est aussi le dieu d'amour, qui engendre et renouvelle le monde ; il est le seigneur de l'univers vibrant, qu'il parcourt, invisible, le père de toute justice, arbre mystique, rameau brillant, être éblouissant comme la pierre précieuse ! Enfin, lorsque, comme dit le poète, « le calme se fait sur les eaux de son âme », il apparaît aux côtés de son épouse Pârvatî, rayonnant de tendre affection, tel un roi qui se délasse au retour de la guerre, près des fontaines, dans la tiédeur parfumée de ses jardins délicieux.

Mon intention n'est pas d'étudier ici le Çivaïsme sous ses différents aspects. Si je m'attarde quelques instants au seuil du Kaïlâsa, c'est afin de pouvoir plus facilement, devant ses statues et ses reliefs, parler des légendes sacrées dont ils représentent les épisodes, et de l'inspiration qui les suggéra.

Il y a plus de dix siècles, un roi puissant fut atteint d'un mal incurable. Son corps était rongé de vers, et nul sacrifice, nul remède n'améliorait son état. Il arriva que ce prince, traversant un jour un village du Dekkan, y prit, dans une mare, le bain rituel prescrit par sa caste. De ce bain il sortit guéri. Pour perpétuer jusqu'aux âges lointains le souvenir de ce miracle, il ordonna que fussent transformés en temples les rochers qui bordaient la plaine. Telle est, au dire des Hindous, l'origine d'Ellora.

Et voilà pour la légende.

Voyons maintenant ce que nous apprend l'histoire. Hélas! ses données ne sont ni très nombreuses ni très précises. Jamais on ne pourra appliquer à l'étude de l'architecture hindoue les procédés minutieux dont on dispose chez nous lorsqu'il s'agit, par exemple, d'une cathédrale gothique, et qui font comme un trait d'union entre l'histoire de l'art et l'étude des chartes.

Vers le milieu du viiie siècle, une dynastie de l'Inde du Sud conquit le Dekkan. Elle lui donna des souverains illustres, guerriers courageux et habiles administrateurs. Un de ces princes, Kṛishṇa Ier fit, à ce qu'on suppose, sculpter le Kaïlâsa. Combien s'écoula-t-il d'années entre le commencement et l'achèvement du travail? Je ne saurais le dire. Mais si nous possédions les dates authentiques, nous serions assurément émerveillés par la célérité avec laquelle les imagiers du roi Kṛishṇa menèrent à bonne fin leur œuvre colossale. Sans doute, on ne s'attardait pas, devant le rocher d'Ellora, à modifier, une fois son exécution commencée, le plan général. Comment l'aurait-on pu, puisqu'il s'agissait d'un temple monolithe? Si quelque changement s'imposait, on y procédait en cours de route, par intuition, par instinct, cédant à cette sorte de vision collective si particulière à l'esprit de certaines races essentiellement religieuses. Les équipes travaillaient d'accord, unies par le même rythme, et les dieux, surgissant de la pierre, exaltaient la foi et l'imagination des sculpteurs-architectes.

Il est donc probable que le roi Kṛishṇa assista à l'achèvement du Kaïlâsa, et que ses successeurs ne continuèrent l'œuvre pieuse qu'en excavant, à côté, d'autres sanctuaires.

On compte sept temples brahmaniques à Ellora. Ils voisinent avec douze temples bouddhiques et cinq autres qui appartiennent à la secte des Jaïns. Le fait que dans le même site se trouvent rassemblés des monuments consacrés à tant de religions différentes n'offre rien de surprenant pour qui connaît la mentalité religieuse des Hindous.

Dans le culte de Çiva se retrouve l'adoration mystique de l'Himâlaya. Jadis ses autels étaient nombreux dans le Kashmir et au nord du royaume de Magadha. Gangâdvâra, la haute vallée où s'unissent les sources du Gange, est considérée de nos jours encore par les Çivaïtes comme un lieu saint, qu'il convient de visiter en de pieux pèlerinages. Comme seigneur des monts, Çiva s'appelle Giriça. Le nom de son épouse est tantôt Pârvatî, ce qui veut dire « la fille des montagnes », tantôt Dourgâ, qui signifie « difficilement accessible », allusion sans doute à quelque cîme escarpée. Et, comme Zeus habite au-dessus des nuages de l'Olympe, la demeure de Çiva se dresse dans la blancheur éternelle du Kaïlâsa. Le temple d'Ellora n'est qu'une image infime de cette résidence splendide, comparable au minuscule modèle d'une basilique chrétienne, entre les mains d'un donateur [1].

---

[1] Si nous pouvons définir le Kaïlâsa d'Ellora comme une image stylisée de la montagne divine, la falaise sculptée de Mamalipuram ou Mavalipuram, en laquelle on a longtemps cru voir le récit d'un épisode du Mahâbhârata, n'est pas autre chose que l'image réa-

Des raisons d'ordre mythologique ne suffisent pas cependant, si fortes soient-elles, à expliquer la prédilection des Hindous du Sud pour la sculpture rupestre. Nous devons supposer que cette race éprouvait, pour la pierre brute encore adhérente à la masse géologique, un penchant analogue à celui qui attire le Chinois vers le jade luisant et froid, et qui fit des Grecs de si merveilleux tailleurs de marbre[1].

Il semble aussi que la nature même, avec les profils vivement découpés de ses horizons, ait encouragé ce penchant, cette prédestination à la statuaire rupestre. — Nulle part autant que dans l'Inde du Sud on ne rencontre des collines ainsi pareilles à des forteresses de géants, à des dômes ou à des coupoles. Lorsqu'on longe la côte de Coromandel et celle du Konkan, on est frappé de l'aspect du littoral où les falaises, éternellement battues de vagues et d'averses, simulent, sous les palmiers tremblants, de vastes cités pétrifiées. Le Kaïlâsa représente l'effort suprême, la bataille décisive que ces travailleurs de

liste de la même montagne. D'accord avec M. Juveau-Dubreuil, du collège de Pondichéry, j'exposerai dans une prochaine étude les raisons qui nous ont déterminés, lui et moi, à proposer aux indianisants cette nouvelle interprétation.

[1] Il est à remarquer que presque tous les temples monolithiques ou excavés de l'Inde se trouvent au sud du Gange; ils sont rares au delà des monts Vindhia.

4.

la pierre livrèrent à la résistance obstinée des montagnes. Pour arriver à cette victoire, il fallait s'aguerrir peu à peu, en s'imposant des tâches toujours grandissantes. Quelques colonnes évidées dans un rocher, l'image d'un éléphant grandeur nature, un temple monolithe de dimensions restreintes, marquent le point de départ de cette marche en avant, qui devait aboutir au Kaïlâsa.

Tâchons d'avoir un aperçu d'ensemble, en regardant la coupe longitudinale du temple (pl. I).

La nature n'a offert ici aucune indication à l'architecte. Il se trouvait devant une pente rocheuse, dont la douce et constante inclinaison ne suggérait rien de particulier à son imagination. Sa tâche apparaît comme difficile et même ingrate, si l'on pense aux superbes monolithes de Mamalipuram, qui furent jadis des falaises et des récifs isolés au milieu des sables, et qui devinrent, sous le ciseau des sculpteurs, de gigantesques châsses de pierre.

Pour détacher de la montagne le bloc formidable du Kaïlâsa, il fallut creuser à pic des tranchées profondes, si bien que le temple, considéré d'en haut, semble un monument souterrain, englouti tout entier à la suite de quelque cataclysme. Et lorsque vous pénétrez dans la cour par les portes cyclopéennes qui la séparent de la plaine environnante, une oppression vous saisit, l'oppression que l'on éprouve dans ces gorges profondes, où les oiseaux de proie ralentissent leur vol.

Les principales parties du temple sont vite nommées. D'abord l'entrée, sorte de propylées rupestres. En raison de la pente du terrain rocheux, l'architecte n'a pas pu sculpter ici une de ces hautes *gopuram* comme on en voit dans l'Inde du Sud, à Madura et à Tanjore, et que les voyageurs comparent à des pylônes égyptiens. Il se peut qu'on ait prévu un complément de cette partie au moyen d'une tour en briques. Il n'en reste pas trace.

Plus loin on aperçoit un édicule à double étage, que deux ponts relient, l'un à la porte et aux galeries d'entrée, l'autre à la masse principale. Ici réside le taureau sacré Nanda, qui, dans l'ordre animal, est le symbole de Çiva. Blanc comme la neige, il porte le bois destiné aux bûchers des sacrifices, et par sa douce soumission, il représente, aux yeux des Çivaïtes, l'obéissance aux lois.

Le deuxième pont franchi, on se trouve dans le sanctuaire. Il comporte une salle carrée, de proportions très réduites, où s'élève le lingam ou linga, emblême de la vie féconde que Çiva communique aux êtres. La lumière accède par la porte, que seuls les gens de haute caste peuvent franchir. Quant à la foule, elle se tenait dans les galeries voisines ou se pressait dans la cour, bousculée par les éléphants et les bœufs sacrés, intimidée par les sculptures géantes qui peuplent en frise la base du temple.

Le Kaïlâsa est la copie d'un temple construit en pierres, briques et bois. Il fut primitivement orné de peintures. Quelques restes en sont encore visibles. Les indigènes le désignent sous le nom de Ranga Mahal ou Palais des Couleurs. La polychromie jouait, et joue encore aujourd'hui, un rôle important dans l'architecture religieuse des Hindous. Elle s'étend non seulement à la construction proprement dite, mais aussi au décor sculptural. Le grec Pausanias rapporte que le peintre Polygnote, voulant représenter Eurynomos, démon de la putréfaction, imagina de lui donner une couleur bleu sombre, « comme celle des mouches qui s'attachent à la viande ». Mais ce ne fut là qu'une exception. Les Hellènes admettaient bien, pour leurs temples, des triglyphes bleus, des colonnes jaunes, des frontons et des métopes dont le fond était peint en rouge, mais lorsqu'il s'agissait de la figure humaine, leur esthétique ne s'aventurait pas au delà des limites naturelles. L'Hindou, par contre, considère la couleur comme l'attribut des êtres supérieurs. Ses temples sont remplis de divinités bleues, vertes ou rouges. Ses yoghis se blanchissent de cendre ou de farine. Il n'existe pas un croyant dont le front ne soit bigarré de signes de caste, pas un village où ne soit installé, devant une masure branlante, quelque marchand de couleurs pulvérisées. En franchissant l'enceinte du Kaïlâsa, il convient donc de parer, en imagination, de rutilantes et somptueuses couleurs ces murs patinés par le temps, ces statues noircies par la fumée, par les offrandes de beurre et d'huile.

Aujourd'hui le Kaïlâsa a repris son apparence originelle de montagne et fait corps avec le paysage. Depuis longtemps les pèlerins qui visitent ce sanctuaire çivaïte sont devenus rares. A peine rencontre-t-on, ici et là, quelque souci jaune, que la poussière achève de flétrir. Le Kaïlâsa ne possède plus ni gardiens ni prêtres. Les images dont il est chargé s'estompent lentement, et, de plus en plus, se confondent avec la roche. Ainsi s'effacent les profils et les légendes sur les vieilles monnaies de cuivre qu'un long usage a rendues frustes.

Étudions le plan (pl. II). Autour du monolithe sont sculptées, à même la roche, des galeries et des chambres, disposées à différentes hauteurs. Elles abritaient jadis les fidèles contre le soleil et la pluie, et correspondaient aux colonnades (*tchoultri*) qui, dans le Sud, entourent la plupart des temples hindouistes. On a constaté, non sans raison, la ressemblance de ces excavations avec les viharas bouddhiques. Le bouddhisme à son déclin a communiqué nombre de ses formules architectoniques, de ses traditions statuaires et picturales au brahmanisme renaissant.

Curieuse est l'irrégularité des contours. On dirait presque que ces tailleurs de pierre travaillaient, non pas selon un plan tracé sur une échelle rigoureuse, mais d'après une ébauche dessinée à vue d'œil, sans que la règle et le calcul intervinssent. De cette irrégularité résulte l'unité vivante de l'ensemble, cet aspect organique qui classe le gigantesque monolithe parmi les chefs-d'œuvre de la statuaire plutôt que parmi ceux de l'architecture. On peut rappeler à ce propos les célèbres « corrections optiques » que les Grecs appliquèrent à leurs temples. Toutefois, gardons-nous d'établir un parallèle; il s'agit ici d'un mode de travail bien plus inconscient et intuitif. Sans contredit, chacun des imagiers-artisans dont les coups de marteau se répercutaient jadis dans la tranchée rupestre portait en soi la vision du Kaïlâsa achevé.

Personne ne conteste aujourd'hui la place occupée par l'Inde dans l'étude comparée des langues, dans la poésie, les lettres et la pensée philosophique contemporaine... Depuis un siècle, grâce au travail persévérant des indianistes, il s'est produit une sorte de pénétration mutuelle où le folklore hindou, non moins que la grammaire sanscrite, sont devenus pour nous des éléments précieux, dont l'ignorance constituerait une lacune dans la pensée de nos lettrés.

Il n'en fut pas de même pour l'art brahmanique. Jusqu'à nos jours, on s'est obstiné à ne voir dans le panthéon hindou, sculpté ou peint, que le produit d'imaginations surexcitées, délirantes, souvent obscènes. On reproche aux dieux du brahmanisme leurs têtes et leurs mains multiples, leurs attitudes contorsionnées, leurs attributs macabres et sanguinaires.

Cet art étrange et angoissant ne doit inspirer, selon beaucoup, que la crainte de la mort et de la destruction.

Et l'on oublie tout ce que l'imagier brahmanique a créé de suave, d'harmonieux et de tendre ; on oublie que les artistes hindous, aussi bien que les poètes, ne se sont pas uniquement inspirés des nuages orageux et des éclairs qui les traversent, mais qu'encore ils ont eu la vision du ciel bleu et limpide, des aurores roses, des nuits constellées. Hélas ! combien de voyageurs firent, en visitant les ruines d'Ellora, comme cet illustre romancier exotique, qui parcourut les « épouvantables grottes » au milieu des ténèbres profondes, à la lueur sanglante des torches, et n'emporta de cette randonnée nocturne que la vision d'une agonie de roches et d'ombres !

Ouvrons sans parti pris ce « livre de pierre », comme a dit M. Gustave Le Bon !

L'abord du Kaïlâsa est défendu par des divinités dont les dimensions surpassent de beaucoup la grandeur naturelle (pl. III et IV). Le cadre architectural qui les entoure est traité avec discrétion. Les figures conservent toute la liberté et toute la puissance de leurs mouvements, dont le rythme varie du calme hiératique à la turbulente saltation.

Entrons dans la cour. L'effigie en haut-relief qui nous accueille dégage une impression de sérénité et de paix solennelle. Lakshmî ou Çrî, déesse de la beauté et de la fortune, mère de Kamâ, immortelle compagne de Vishnu, vient de naître des ondes, pareille à Aphrodite. Un trône de lotus la supporte, et les éléphants d'Indra, symboles de la mousson et de ses pluies fécondes, l'arrosent de leurs trompes. Dans les vieux sanctuaires çivaïtes, vous rencontrez souvent l'image de cette divinité bénigne, qui s'incarne en Sîtâ, l'amante fidèle de Kâma, et qui fut aussi Rukminî, épouse de Krishṇa. On y rencontre également sous ses différents aspects Vishṇu lui-même, dont le culte, à l'époque où fut excavé le Kaïlâsa, se conciliait en une trève passagère avec celui de Çiva, après des siècles de rivalité et de combats.

A gauche apparaît un superbe éléphant de pierre (pl. V). L'énorme bête évoque le souvenir des éléphants qui, aujourd'hui encore, dans les temples de l'Inde du Sud, remplissent l'office de gardiens et de quêteurs.

Immédiatement après cet éléphant, se trouve un portique dont les colonnes et l'entablement, frappés par le soleil, reflètent une lumière chaude et aveuglante, tandis que la paroi du fond demeure dans une constante pénombre (pl. VI). Trois divinités féminines l'occupent, disposées symétriquement sur un fond qu'animent des plantes et des oiseaux stylisés : celle du milieu rigide comme une colonne ; ses compagnes harmonieusement incurvées : on dirait des paons qui se rengorgent sous les premiers rayons de l'aube. . . . Il n'est pas difficile d'identifier ces trois divinités. Ce sont les déesses fluviales, Gangâ, Sarasvatî et Yamunâ, reconnaissables au socle symbolique sur lequel elles se dressent : un lotus pour Sarasvatî ; une tortue pour Yamunâ, la Jumna des cartes géographiques ; un makara ou monstre aquatique, pour la divinité tutélaire du Gange. Cruellement mutilées par les iconoclastes musulmans, ces figures ont néanmoins conservé tout leur attrait. Certains savants leur ont reproché de manquer d'allure « classique ». Et, de fait, comparées à une Vénus, elles déroutent le connaisseur puriste. Jamais déesse hellénique n'eut les seins aussi gonflés, la hanche aussi cambrée et déboîtée, la taille aussi mince, les bras aussi longs. Mais le tort n'est pas du côté du sculpteur. Il incombe à l'archéologue européen que hante un canon esthétique trop bien appris. Ce sont là des sculptures « classiques », mais selon la conception hindoue. Elles expriment l'idéal féminin de cette race voluptueuse et hiératique, la femme indienne, dont le rôle essentiel est la maternité, l'amour fécond, la fidélité jusqu'à la mort...

Et maintenant approchons du temple lui-même (pl. VII). Sa hauteur dépasse trente mètres ; sa largeur en atteint quarante-cinq. Une frise formidable en entoure la base ; des éléphants alignés semblent porter sur leur dos l'énorme pesanteur du Kaïlâsa (pl. VIII). Motif imposant autant que vrai, car c'est à l'éléphant que l'on confiait dans l'Inde antique le transport et la garde des rois, des dieux et des joyaux. De son allure toujours égale et souple, il traverse

sans crainte les montagnes, les fleuves et la jungle.
Mais l'éléphant est plus qu'un animal de somme,
plus qu'une forteresse vivante ou qu'un donjon qui
se déplace. Pareil au guerrier courageux, il connaît
l'ivresse du combat. Rien ne résiste à sa fureur : ni
les portes que hérissent des pointes de fer et qu'il
enfonce avec la cuirasse de son poitrail, ni l'essaim
de cavaliers chargeant dans la plaine. Devant lui,
les tigres se font timides et rentrent dans le fourré.
Un vers de Kâlidâsa le dit « inaccessible à la crainte
du lion ». Devant cette frise d'éléphants au repos,
les imagiers d'Ellora en ont déployé une deuxième
où vous voyez ces gardiens géants aux prises avec des
lions fantastiques et des chimères qu'ils exterminent
ou qu'ils domptent (pl. IX et X). Cette grandiose
vision rappelle l'hymne sacré du Rigveda où les dieux
et les génies qui les escortent, soutenus par des
chants de guerre, ivres de soma, combattent et ter-
rassent les démons malfaisants. Ainsi comprise,
l'« éléphantomachie » du Kaïlâsa peut être rappro-
chée de la célèbre frise de Pergame, dans laquelle
les artistes d'Attale glorifièrent la victoire des Olympiens sur les Titans révoltés.

Quel est ce danseur qui secoue autour de lui des
bras multiples, et dont les mouvements frénétiques

font vibrer les lumières et les ombres ? La statue est mutilée comme tant d'autres qui couvrent les flancs du Kaïlâsa. Mais la pierre, bien que meurtrie, vit toujours, comme vit le serpent qui, écrasé sur la route, les vertèbres brisées, se plie et se replie encore et sans fin, en convulsions furieuses (pl. XI).

Une légende pouranique conte comment Çiva, un jour, pour distraire Pârvatî, se mit à danser, aux sons de la conque et du tambour. Les dieux assistèrent à cette danse, les paons crièrent de joie, excités par le bruit du tambour qu'ils croyaient être le grondement d'une averse lointaine ; et les serpents effrayés par ces cris s'abritèrent sous les herbes.

Deux bronzes magnifiques, à Madras, représentent le même dieu dans la même action. « Notre Seigneur », dit un texte tamoul, « est un danseur qui allume le feu dans la matière et la fait danser à son tour ». Il serait difficile de mieux suggérer en une image plastique ce que la danse contient de voluptueux, d'infini, d'irrésistible et de divin.

Revenons au Kaïlâsa. Une niche prodigieusement haute et profonde abrite une composition complexe : un paysage de montagnes avec de nombreuses figures. C'est un épisode de la lutte entre Râma et le roi de Ceylan, Râvana. Le roi-démon à dix têtes essaye de soulever la montagne dont le sommet

abrite le couple divin, Çiva et Pârvatî. Dans les ténèbres mystérieuses de la terre, il tente un effort
géant. Il a réussi à secouer la montagne, et la suivante de Pârvatî s'enfuit épouvantée. Et Pârvatî de
s'écrier : « Maître ! la montagne remue ! N'allons-nous
pas tomber dans l'abîme ? » Mais Çiva, appuyant son
pied sur le Kaïlâsa ébranlé, l'immobilisa à jamais.
Et le roi-démon demeura prisonnier pendant dix
mille ans, jusqu'à ce qu'il obtînt le pardon du dieu et
devînt son disciple. La silhouette trapue de Râvaṇa,
où tout dénonce la suprême tension des muscles et
l'angoisse d'un lutteur qui se sent faiblir, présente
un beau contraste avec le calme de son vainqueur et
la douce confiance de la déesse, blottie contre son
époux. Ils sont nombreux, les reliefs qui retracent,
au flanc du Kaïlâsa, les amours de Çiva et de
Pârvatî (pl. XII). Ils suivent de près, nous le soup-
çonnons, les admirables chants de Kâlidâsa, où il
est raconté comment Çiva épousa la fille du « monarque des montagnes » et comment leur mariage
fut célébré au milieu de femmes à l'éclat d'or,
parmi les bruyantes fanfares, les multitudes d'éléphants, sur un tapis de fleurs où l'on enfonçait
jusqu'aux chevilles [1]. Il faut relire cette page où le

---

[1] Voir *Le Koumara-Sambhava*, trad. Fauche, 1860.

dieu prend la main de sa fiancée aux doigts vermeils, et où « les regards de leurs yeux, pleins d'un mutuel désir, mais timides en leurs rencontres, arrêtés un peu l'un sur l'autre, retirés aussitôt, subissaient un moment les entraves de la pudeur » ! Et de ces poèmes rupestres il est bon de rapprocher les peintures d'Adjanṭā, où des couples amoureux s'enlacent au milieu des lotus et des guirlandes.

De nos jours encore, la suave Pârvatî porte le nom de *Gaurî*, et l'on désigne son époux sous celui de *Çankara*. Ces deux noms unis l'un à l'autre évoquent dans la pensée hindoue l'image du *Gaurisankar*, la plus élevée des cimes himalayennes.

« Il est dans la région boréale un mont, souverain des montagnes, animé d'une âme céleste et nommé Himâlaya, qui, plongeant ses pieds dans les deux mers du levant et du couchant, se tient debout au sein des nuages comme le sceptre de la terre. » C'est à ce sceptre géant qu'obéirent, en fouillant le sombre rocher d'Ellora, les imagiers du Kaïlâsa.

Nota. — Lorsque fut faite cette conférence, l'ouvrage de M. Juveau-Dubreuil *L'Archéologie du Sud de l'Inde* (Annales du Musée Guimet, Bibliothèque d'Études, t. XXVI) n'avait pas encore paru. Le Kaïlâsa s'y trouve défini comme appartenant au style « nord-hindou ». Je ne puis mentionner cette hypothèse qu'en annotation. Pour ma part, je continue à croire que le Kaïlâsa, sauf quelques détails, est dû au génie des Indiens du Sud et s'apparente étroitement avec les monuments de l'époque Pallava (600 à 850). Les lignes horizontales prédominent; aucune tendance ne se manifeste d'incurver les silhouettes d'ensemble en dômes. On y retrouve l'ordre «dravidien» avec ses entablements et ses moulures caractéristiques, les larmiers ornés de *coudous* à tête humaine, ainsi que le pavillon (*pancharam*), traité selon la tradition tamoule. Mais ce qui classe surtout le Kaïlâsa parmi les monuments de cette catégorie, c'est sa qualité de temple monolithe, c'est qu'il fait corps avec le sol, et non avec le rocher qui l'entoure! Les autres temples d'Ellora sont des sanctuaires excavés, pareils à ceux d'Ajantā et de Karli. Le roi conquérant qui conçut le Kaïlâsa s'est servi d'équipes empruntées, de gré ou de force, à un peuple du Sud.

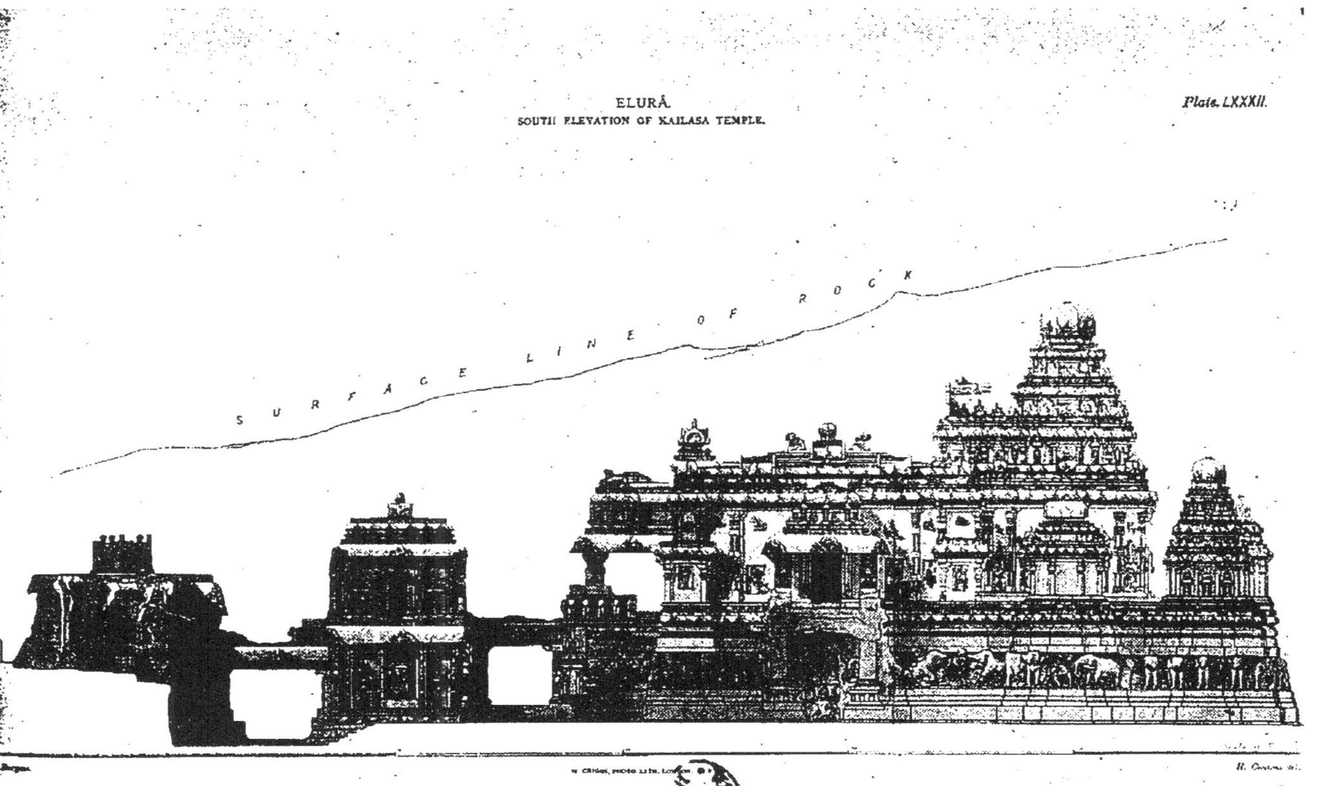

Coupe longitudinale du Kaïlâsa (d'après Burgess).

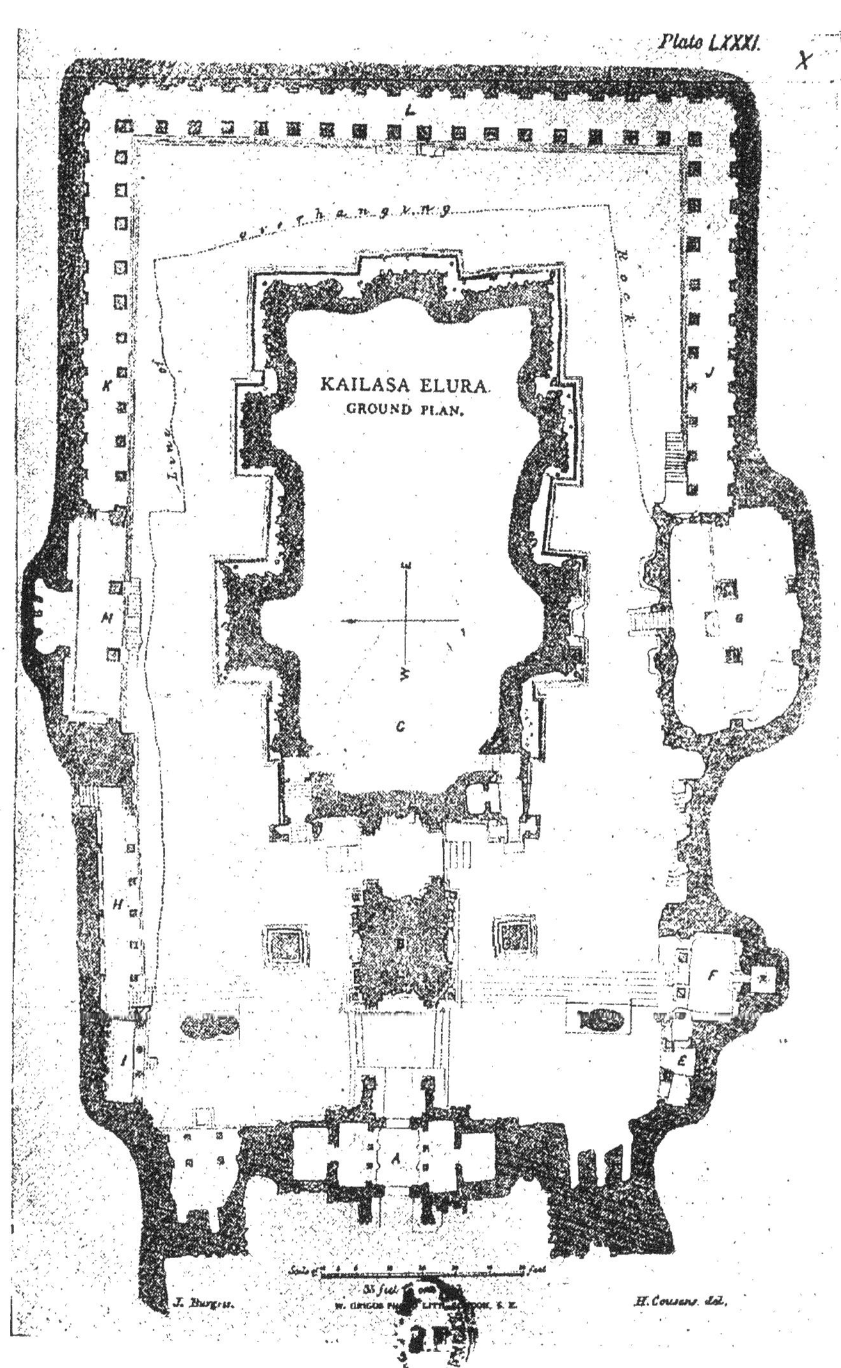

Plan du Kaïlâsa (d'après Burgess).

Entrée du Kaïlâsa.

Entrée du Kailâsa (détail).

Éléphant monolithe.

Divinités fluviales.

Vue d'ensemble.

Éléphantomachie.

Éléphantomachie.

Éléphantomachie.

Danse de Siva.

Siva et Pârvatî.

LES
PEINTURES BOUDDHIQUES

DE TOUEN-HOUANG

(MISSION STEIN),

PAR

M. R. PETRUCCI.

L'étude des peintures bouddhiques rapportées de
Touen-houang par sir Aurel Stein soulève des pro-
blèmes divers. Extrêmement précieuses au point de
vue de l'art et de l'iconographie, elles ne le sont
pas moins au point de vue de l'histoire du bouddhisme dans cette région lointaine de l'Empire. Si,
d'un côté, pour ce qui concerne les divinités innombrables du bouddhisme du Nord, le déchiffrement
des inscriptions nous permet des identifications
inattendues, d'un autre côté, il nous renseigne
d'une façon précise sur les donateurs qui vouaient les
peintures dans les grottes de Touen-houang et qui
ont laissé dans le mystère longtemps inviolé du

sanctuaire le secret de leurs peines et de leurs désirs. Aussi, avant de s'égarer dans l'étude d'un panthéon majestueux, conviendra-t-il de prendre contact avec cette pauvre matière humaine, élément essentiel de l'Histoire, et d'évoquer, dans la mesure où cela nous est permis, ce petit monde d'autrefois.

I

Les peintures datées vont de 864 à 983. On sait que les années chinoises, désignées par les combinaisons des signes cycliques, sont précisées par des périodes ou *nien-hao* qui peuvent se modifier plusieurs fois par règne, mais qui, en tout cas, changent à l'avènement d'un nouvel empereur. Or l'exactitude de la supputation des années au moyen des signes cycliques et la continuelle inexactitude des *nien-hao* montrent que les habitants de Touen-houang étaient fréquemment coupés de la Chine propre et que la vie de l'extrême frontière se poursuivait d'une façon précaire, parmi des difficultés sans nombre. Les événements les plus graves pouvaient s'accomplir sans que ses habitants en fussent informés ; et les fonctionnaires de Touen-houang pouvaient faire des vœux pour la prospérité d'un empereur mort ou captif, ils pouvaient même exalter une dynastie dé-

chue sans se douter que le destin avait fait son œuvre
et que la protection des Buddhas et des Bodhisattvas
était désormais une chose inutile.

On trouve, parmi ces donateurs, des représen-
tants de toutes les classes de la société. C'est d'abord
l'un des derniers en date, le premier par ordre de
dignité, le préfet de Touen-houang qui, en août
963, à l'occasion du mariage d'une de ses filles,
voue une peinture à Kouan-yin. Il a nom Mi Tseu-tö;
c'est un barbare, il a épousé une Chinoise dont le
nom de famille est Ts'ao; les fils et les petits-fils se
groupent autour de lui; les filles et les petites-filles
se groupent autour de la femme. Tous font des
vœux pour la prospérité de la famille, du territoire,
de l'Empire. Ailleurs, c'est un fonctionnaire qui,
ayant terminé son temps de service, implore Bhaiṣajyaguru, le Buddha de Médecine, afin de rentrer
dans son pays rapidement et sans éprouver aucun
malheur. Ailleurs, un donateur de la famille Tchang
intéresse à son vœu un officier de l'infanterie de
Touen-houang, disparu au cours d'une expédition
malheureuse dans les sables du désert. Un officier
de l'armée *kouei-yi* en garnison à Touen-houang fait
graver un xylographe à Samantabhādra afin que les
frontières soient tranquilles, qu'il n'y ait pas de

troubles, que les grands feux qui servent de signal sur les tours de guet, dans les postes isolés des frontières, garantissent la sécurité du territoire, que l'Empire soit en paix. Un autre, officier lui aussi, invoque Kouan-yin afin que le district soit prospère, que les hommes n'entendent et ne voient que des choses heureuses, que les épidémies se dissipent, que les routes de l'Est vers la Chine, de l'Ouest vers le Turkestan soient ouvertes et libres ; que, au Nord, les Tatars, au Sud, les Tibétains, cessent leurs déprédations et leurs révoltes, que les signaux d'alarme ne retentissent plus. Cette invocation est datée de la quatrième année K'ai-yun des Tsin postérieurs, en août 947. Or, depuis le mois de février de la même année, Lieou Tcheu-yuan s'était proclamé empereur sous le nom de Kao-tsou et il avait fondé une dynastie Han qui devait durer à peine plus de trois ans ! Les Tatars K'i-tan étaient descendus sur la capitale, ils avaient saccagé K'ai-fong fou, réduit en servitude l'empereur et sa famille, si bien tué et pillé que le pays était devenu désert. Chassés par le peuple en révolte, les K'i-tan se retirèrent avec leurs captifs et leur butin. Dans la quatrième lune de l'an 947, c'est-à-dire en avril, l'empereur Kaotsou des Han était proclamé à K'ai-fong fou, la capitale. De tous ces événements, dont les plus graves dataient de 946, les gens de Touen-houang, *en août 947,* ne savaient rien. Il était bon de demander à la Grande Miséricordieuse l'ouverture et la tranquillité des routes !

Mais tous les donateurs ne sont pas des fonctionnaires. On y trouve aussi des nonnes et des moines, et l'on y voit des chefs de famille prendre les ordres. Si des laïques, dans la pleine maturité de l'âge, abandonnent les tourmentes de la vie pour la paix du cloître, c'est que la condition d'une ville, isolée dans un territoire en pleine révolte, est difficile et que, vivant sur ses propres ressources, elle ne pouvait guère offrir aux vieillards que le dénûment et la misère.

Cependant, un sentiment filial, sincère et profond, vivait sans conteste dans ces âmes : «Ils ont élevé les enfants et sont partis dans la Voiture Parfumée; la bienveillance de la mère est pareille au faîte du grand Ciel. Comment la payer de retour ? Le père et la mère entourent l'enfant de leurs bras et, très doucement, l'amusent de leur chant... Quand il a faim, elle lui donne à manger. Si ce n'était sa mère, elle ne mettrait pas la nourriture dans sa bouche; quand il a soif, elle lui donne à boire; si ce n'était sa mère, elle ne lui donnerait pas son lait ! » Et puisqu'il ne peut plus rien faire dans ce monde pour les parents morts, pieusement et le cœur plein de souvenirs, le donateur fait un vœu au Buddha tout-puissant afin que ceux qui l'ont tant aimé renaissent, affranchis des misères de la vie, dans le Paradis d'Occident.

Dans les inscriptions votives elles-mêmes, on trouve des traces de croyances étrangères au bouddhisme. Ici, il est question de la drogue d'immortalité; ailleurs, un officier implore Kouan-yin pour qu'elle lui assure la bienveillance du Génie Protecteur des Places fortes. D'autres documents, manuscrits magiques ou astrologiques, viennent se mêler aux peintures et accuser encore l'hétérodoxie des croyances. Les prêtres des grottes accueillaient avec indulgence ces manifestations primitives d'un monde auquel ils appartenaient; ils en partageaient, sans aucun doute, les rêveries incertaines et les superstitions.

II.

Mais ce groupe de fervents bouddhistes, perdu dans la ville frontière, recevait des images de la religion triomphante telles qu'elles avaient été élaborées dans le Turkestan oriental. Des influences diverses venues de l'Inde et de l'Asie antérieure s'étaient exercées; le panthéon bouddhique était dès lors constitué dans toute sa magnificence. Bien plus, — et c'est une des conclusions auxquelles nous conduit l'étude des matériaux de la mission Stein, — cette magnificence était plus grande à cette époque lointaine, et ce que l'iconographie postérieure nous a légué, soit en Chine, soit au Japon, constitue une réduction évidente des ordonnances somptueuses qu'il nous est permis d'évoquer.

Avant tout, cependant, il convient de s'arrêter sur ce qui rappelle le plus étroitement l'Inde et, pour cela, sur une peinture, malheureusement en lambeaux; elle n'en constitue pas moins l'un des documents les plus intéressants de l'ensemble que j'ai été chargé d'étudier (voir fig. 1). Le caractère gandhârien des figures qui s'y trouvent recueillies frappe dès le premier abord. Les origines et la valeur de cette peinture seraient, cependant, restées inexpliquées si, sur la soie vieillie et brûlée par le temps, certaines inscriptions n'avaient subsisté. Des fragments que j'ai pu lire, il résulte que, sur cette grande peinture, un artiste habile a rassemblé des images adorées dans l'Inde. Soit qu'il ait travaillé d'après des documents indiens, soit qu'il ait lui-même, au cours d'un pèlerinage, copié sur place ses modèles, le caractère indo-grec s'est conservé à travers ce dessin chinois de telle manière que sa fidélité ne peut faire l'ombre d'un doute. Nous apprenons ainsi que, dans le Mrigadāva du royaume de Vārāṇasī, c'est-à-dire dans le *parc des Cerfs*, au nord-est de Bénarès, on vénérait une image du Buddha dans la robe du moine, debout sur la fleur de lotus.

Ailleurs, nous trouvons le Buddha tenté par l'armée de Mārā symbolisée par trois figures grimaçantes qui apparaissent au-dessus de sa tête. Des Génies soulèvent le rocher sur lequel le Buddha est assis et qu'il touche de la main droite, afin d'appeler la terre en témoignage; l'inscription nous apprend qu'il s'agit d'une sainte image du royaume de Maghāda dans l'Inde centrale, et je crois qu'on peut l'identifier avec l'image du Vajrāsana du temple de Mahābodhi, à Bodh-gayā, que nous décrit Hiuan-tsang.

Ailleurs, enfin, l'inscription dit qu'il s'agit d'une image d'argent conservée dans le royaume de Kapiça.

Les inscriptions font défaut pour le reste des figures, mais on peut y reconnaître un Çākyamunī au pic des Vautours, une Kouan-yin au flacon et à là fleur de lotus et même un Bodhisattva au soleil qui devait servir d'assistant à quelque figure centrale. Or, si l'on s'en rapporte aux Paradis à large ordonnance de Kouan-yin, cette figure centrale pourrait être Avalokiteçvara elle-même. On regrette que l'inscription manque ici car elle eût peut-être fourni quelque éclaircissement sur l'origine et la constitution de ces compositions somptueuses que nous allons étudier dans un instant.

Cependant, avant d'en arriver à ces Paradis' magnifiques où trônent les Buddhas et les Bodhisattvas, nous devons nous occuper des bannières de soie sur lesquelles les peintres de Touen-houang ont représenté divers épisodes de la vie de Çākyamuni (voir fig. 2 et 3). Elles ont ceci d'intéressant que les personnages, y compris Çākyamuni lui-même, ont quitté le vêtement indien pour prendre l'habit chinois. Les dieux adorant le Buddha dans le sein de sa mère, Çuddhodana, le père du Buddha, Māyādēvi, sa mère, portent le costume des magistrats chinois ou des femmes chinoises. Il s'est passé, à ce moment, pour l'iconographie buddhique, ce qui s'est passé pour l'iconographie chrétienne au moyen âge, quand tous les acteurs du drame, depuis Hérode et Pilate jusqu'au dernier des comparses, portaient le costume du temps. Mais, lorsque les Primitifs habillaient ainsi à leur manière les personnages de l'histoire sacrée, ils respectaient encore le Christ, la Vierge, saint Jean qui apparaissaient, par un dernier et vague scrupule archéologique, vêtus d'un costume de convention. A Touen-houang, au contraire, les dieux, le père, la mère du Buddha, le Buddha lui-même, sont vêtus à la chinoise; les édifices sont chinois; rien ne rappelle une influence quelconque d'un élément indien. Cela est d'autant plus surprenant que l'on peignait à côté d'eux Buddhas et Bodhisattvas à la mode indienne. Cela nous montre que, tandis que la tradition étrangère n'avait nulle peine à se maintenir et à s'imposer quand elle s'exerçait dans le domaine de l'au-delà, aussitôt qu'il s'est agi de représenter la vie réelle d'un rédempteur, il a fallu au milieu chinois des images qui fussent évocatrices de cette réalité. A la légende venue de l'Ouest, la Chine a imposé sa conception propre. Cette emprise a été si tenace qu'elle s'est continuée jusqu'à nos jours dans ces livres populaires où l'on continue à raconter la légende de Çākyamuni.

Tous ceux qui se sont quelque peu occupés d'art bouddhique connaissent ces représentations fastueuses du Sukhavatī où l'on voit Amitābha, entouré de Bodhisattvas, trônant dans son Paradis d'Occident et regardant éclore, dans le cœur des fleurs de lotus, les âmes libérées, les âmes toutes blanches qui ont obtenu de renaître dans la Terre de Pureté.

Le prototype de cette composition dérive d'une peinture introduite au Japon vers le milieu du viiie siècle; copiée à plusieurs reprises, elle nous est connue par l'original même conservé au temple de Taïma-ji ainsi que par de nombreuses répliques dont les plus anciennes paraissent remonter au xe ou au xie siècle tandis que les plus récentes appartiennent au xviie et au xviiie. Dans la partie centrale, on voit se développer la représentation du Paradis d'Occident; tandis que, sur deux bandes marginales, de part et d'autre de la peinture, on aperçoit une série de scènes qui, sur l'original, ainsi que sur certaines répliques, sont accompagnées d'inscriptions. Elles traitent de l'histoire d'Ajātaçatru et de Bimbisara.

Cette vieille peinture nous montre une ordonnance que nous retrouvons toute pareille, aussi bien sur les fresques de Touen-houang que dans les peintures rapportées par la mission Stein. Nous n'avons pas lieu de nous en étonner car nous y avions constaté déjà cette abondance d'invention et ce mélange d'influences caractéristiques de l'art bouddhique dans le Turkestan oriental. Nous nous en étonnerons moins encore quand nous saurons qu'il est question dans le *Li t'ai ming houa ki* d'un Sukhavatī peint à fresque dans une pagode de la capitale orientale des Souei, par un peintre originaire du Khotan : Wei-tch'e Pouo-tche-na.

Cela nous montre comment le motif, constitué en plein Turkestan, a gagné la Chine et le Japon où il s'est maintenu fidèlement. Mais quand nous rapprochons de cette composition grandiose les Paradis de Buddhas, et même de Bodhisattvas, que nous n'avions point, jusqu'à présent, aperçus dans cette magnificence, nous devons constater que, dans ce long voyage, bien des légendes, bien des images se sont perdues. Touen-houang nous livre l'iconographie bouddhique précisément au moment où elle était la plus abondante et la plus somptueuse.

Ces représentations d'Amitābha sont plus ou moins réduites (voir fig. 4). Tantôt on y reconnaît encore tous les éléments principaux des Paradis à grand développement; tantôt la composition semble se réduire à un Buddha et à ses assistants. Mais la question se pose de savoir qui sont ces assistants ?

Un petit plan de mandāḷa, dessiné au pinceau sur une feuille de papier égarée parmi les peintures, va nous permettre de répondre. Nous savons que les Bodhisattvas assistants d'Amitābha sont, à sa droite, Mahasthāma, à sa gauche, Avalokiteçvara, les Kwannon et Seichi de la triade japonaise. Or ce plan précieux ajoute aux Bodhisattvas assistants, d'abord les figures des quatre Rois, gardiens des quatre côtés du monde, et, ensuite, auprès du Buddha central, Bhaiṣajaraja et Bhaiṣajasamudgata, réincarnations respectives de Vimalagarbha et de Vimalanêtra. Voilà donc qui nous permet d'identifier ces figures de prêtres au crâne rasé qui se tiennent à droite et à gauche d'Amitābha, cédant le pas comme il convient aux deux grands Bodhisattvas : Mahasthāma et Avalokiteçvara.

Amitābha a des rivaux à Touen-houang. Le plus inattendu de tous — car les archéologues bouddhistes du Japon discutent encore la question de savoir s'il eut jamais son mandāla peint, — c'est Maitreya. Il nous apparaît à Touen-houang, non point sous la forme d'un Bodhisattva, mais sous la forme d'un Buddha. Il est assisté de deux Bodhisattvas, flanqué du bon et du mauvais Génie sous la forme de prêtres et accompagné des quatre Rois. Dans la partie supérieure et dans la partie inférieure, des scènes illustrent des épisodes du Maitreya Vyākarana sûtra, dont des fragments, recopiés et déformés par quelque moine peu lettré, constituent la matière des inscriptions. On voit, en haut, la ville céleste de Maitreya où l'on se trouve à l'abri des souffrances et des calamités du monde; en bas, des conversions innombrables et la construction d'un stupa.

Si nous passons à Bhaiṣajyaguru, nous voyons le Buddha de Médecine en un appareil tout aussi triomphal que le Buddha futur. Il trône, le bol en mains, entre deux Bodhisattvas que les inscriptions d'une autre peinture nous permettent d'identifier, non en Sūrya et Çandrā, comme on pourrait s'y attendre, mais en Manjuçri et Samantābhadra. On voit, en haut, d'une part, la Kouan-yin aux mille bras, avec le Soleil et la Lune dans ses attributs ; de l'autre, le Manjuçri aux mille bras et aux mille bols. Au-dessous, de part et d'autre du fleuve qui traverse le Paradis, sont groupés les dix généraux du Buddha de Médecine. Plus bas, enfin, dans les angles ruinés de la peinture, deux porteurs du foudre, deux *Kin-kang* aux formes terribles, occupent cette même place qu'ils occuperont encore dans les mandalas de Kouan-yin. Dans les scènes marginales, sont représentés les miracles de Bhaiṣajyaguru.

Nous avons vu ces Buddhas fabuleux rivaliser en faste et en magnificence. Pouvons-nous nous attendre à voir le Buddha historique, le Buddha Çākyamuni sous la même apparence? La cachette de Touen-houang nous livre deux peintures dans lesquelles le Paradis de Çākyamuni ne le cède en rien à celui d'Amitābha, de Maitreya ou de Bhaiṣajyaguru. Dans l'un des mandalas, il est assisté de quatre prêtres et de deux Bodhisattvas. Si l'on s'en rapporte à des lambeaux d'inscriptions d'une autre peinture, deux des prêtres sont Çāriputra et Maudgālyayana et l'un des Bodhisattvas assistants est Akçasagarbha. D'autre part, les inscriptions marginales qui illustrent des scènes de jatākas sont empruntées au Damamūka nidana sūtra.

Cette peinture nous permet d'en identifier une autre, sans inscriptions, mais dont les scènes marginales sont identiques. Ici, deux prêtres seulement assistent Çākyamuni; mais, dans la partie inférieure de la peinture, nous le voyons représenté à nouveau. Il porte l'image de la Lune sur l'épaule droite, du Soleil sur l'épaule gauche et du Mont Merū sur son ventre.

Nous en avons fini avec les mandālas de Buddhas. Mais nous rencontrons encore deux Bodhisattvas qui s'égalent aux grands Buddhas des Paradis fabuleux. L'un, c'est Kouan-yin, et l'on pouvait s'attendre à voir le Bodhisattva de Miséricorde tenir une place énorme dans le culte bouddhique de l'époque des T'ang; mais l'autre, c'est Kshitigarbha et l'on peut éprouver une légitime surprise à voir ce Bodhisattva, aujourd'hui réduit à un rôle secondaire, si oublié que sa forme japonaise apparaissait comme propre aux sectes insulaires, jouer, dans ces hautes périodes, un rôle tel qu'il rivalise avec Avalokiteçvara et même avec les grands Buddhas du bouddhisme du Nord.

Nous avons vu tout à l'heure Kouan-yin dans un mandala de Bhaiṣajyaguru. Nous allons voir maintenant le Buddha de Médecine venir rendre sa politesse au Bodhisattva de Miséricorde. Il s'agit d'une des plus belles peintures qui aient été rapportées de Touen-houang. Il faut avoir vu la précision et la délicatesse des formes, les accords sourds et chauds de la couleur, le sentiment profond et religieux des figures, pour se faire une idée précise de l'original. Tel quel, cependant, ce n'est qu'un fragment. On n'aperçoit que la partie supérieure de la figure centrale. C'est une Kouan-yin aux mille bras, levant, par mises attributs, le Soleil et la Lune, portant son dhyāni-buddha Amitābha dans la tiare. Il n'y a aucun doute sur l'identification du Buddha qui porte le bol dans la partie supérieure de la peinture, car, dans le cartouche central, on peut lire encore, quoique bien péniblement, le nom de Bhaiṣajyaguru et celui de Samantabhādra. Comme dans le mandāḷa qui lui était consacré, la présence de Bhaiṣajyaguru entraîne celle de Mañjuçrī et de Samantabhādra. Ils apparaissent l'un sur le lion, l'autre sur l'éléphant, entourés de leurs assistants habituels, en un appareil somptueux et triomphal.

Sur d'autres, où l'ordonnance est plus réduite, on voit Kouan-yin aux mille bras et aux onze têtes; les Buddhas des Trois Mondes et des Dix Côtés l'assistent, avec Sūrya et Candra, les quatre Rois des quatre points cardinaux et, en bas, les porteurs du foudre. Le disque de Kouan-yin est soutenu par les Génies de la terre et de l'eau. Cette ordonnance se retrouve, quoique réduite, dans un xylographe où le graveur a supprimé presque toutes les figures accessoires.

Nous n'avons point de mandaḷa de Kouan-yin agrémenté du texte de quelque sūtra; mais nous avons des peintures où les scènes, rejetées pour des mandalas de Buddhas dans les bandes marginales, viennent, ici, encadrer la figure centrale. On trouve encore aujourd'hui, en Chine, des images populaires où ces scènes se répètent, identiques à celles

5.

de Touen-houang. Elles sont accompagnées d'inscriptions empruntées au Saddharmapundarīka sūtra, et elles énumèrent tous les périls auxquels l'invocation à Kouan-yin permet d'échapper miraculeusement.

Enfin, Kouan-yin prend aussi la forme de « Celle qui montre le bon chemin ». Elle passe sous une pluie de fleurs, portant la cassolette à encens et la bannière, suivie d'une âme fidèle. En haut, parmi les nuages, surgissent les édifices du Paradis d'Occident (voir fig. 5).

Nous arrivons maintenant au dernier, mais peut-être au plus intéressant de tous les mandalas: Kshitigarbha y règne, assisté des quatre Rois, en Maître des Six Mondes, le châle du voyageur sur la tête, le sistre et la boule maṇi à la main, sous la forme du prêtre, à la manière japonaise. Ailleurs, et sous ce même aspect, il est entouré des dix Rois infernaux.

Je connais au moins un mandāla de Kshitigarbha assisté des dix Rois, au Japon; il est conservé au Temple Myōwō-in, mais il offre cette singularité que la peinture n'est pas japonaise. Les critiques orientaux la croient coréenne, peut-être chinoise. Elle rappelle étrangement, en tout cas, les peintures du Turkestan oriental.

Nous avions déjà pu noter plus haut la transformation des personnages de la légende du Buddha Çākyamuni en personnages purement chinois. Ici, nous pouvons de même noter que les dix Rois infernaux portent le costume des magistrats chinois à leur tribunal. Leurs assistants sont des fonctionnaires chinois et ce type a été établi d'une façon si formelle et si définitive que, en Chine ou au Japon, dans les représentations de l'enfer bouddhique, les Rois et juges infernaux portent toujours le costume du magistrat chinois.

On ne peut admettre que, seuls d'un panthéon innombrable, ils n'aient été acceptés par la Chine qu'à la condition de se naturaliser. Si, parmi tant de divinités indiennes, ils portent le costume chinois, n'est-ce pas parce qu'ils sont chinois d'origine et que, ici, c'est la tradition chinoise qui a ajouté à la doctrine indienne ? Les textes viennent confirmer ce point de vue, car ils parlent d'un peintre de la dynastie des T'ang, Tchang Hia-che, comme du premier qui représenta l'enfer bouddhique sous cette forme. Reprise par Wou Tao-tseu, elle devint ensuite traditionnelle.

Kshitigarbha trône aussi en Maître des Six Mondes, assisté de deux Bodhisattvas à mains jointes et que l'inscription désigne sous le nom de *P'ou-men p'ou-sa*, les « Bodhisattvas de la Grande Porte », de celle qui mène hors des cycles de la Vie[1]. Il nous apparaît aussi, comme au Japon, en protecteur de l'enfance; il nous apparaît enfin, dans les enfers mêmes, parmi les damnés.

Toutes les formes du Jizō japonais, au crâne rasé et aux vêtements de prêtre, se retrouvent à Touen-houang. Mais il en est une qui apparaît comme singulière et qu'il faut tout spécialement mentionner ici. C'est celle où il surgit avec le geste de Kouan-yin, portant comme elle le flacon d'ambroisie. Les deux Bodhisattvas sont rapprochés par tant de points que cette superposition d'une forme à l'autre prend un intérêt tout particulier (voir fig. 6).

Buddhas et Bodhisattvas se multiplient en images isolées sur ces bannières de soie peinte que l'on trouve en grand nombre parmi les matériaux de la mission Stein. Il est une peinture, cependant, sur laquelle il convient de s'arrêter. Elle est répétée, du reste, sur l'une des fresques des grottes. Elle représente le Buddha Tejaḥprabha assis sur un char traîné par un buffle blanc et entouré des Génies des cinq planètes.

Samantabhādra sur l'éléphant à six défenses,

---

[1] C'est une épithète de Kouan-yin.

Mañjuçrī sur le lion, ou bien porteur du foudre et de l'épée, constituent des figures fréquentes, noyées, cependant, dans le nombre prédominant des Kouan-yin au flacon, à la branche de saule, à la fleur de lotus, au chapelet, à la cassolette d'encens, qui se multiplient sous les formes les plus diverses et qui marquent la ferveur du culte qui s'élève vers elle. Cependant, aux Bodhisattvas isolés que l'on peut identifier encore, il faut ajouter Vajrasattva, Çandra et Prithivī.

Enfin, à ce même groupe, il faut relier la représentation des quatre Rois gardiens des quatre points cardinaux. Celui d'entre eux qui semble le plus en faveur est, sans contredit, le Roi du Nord, Vaiçravaṇa. Non seulement ses effigies apparaissent en grand nombre, mais deux peintures qui comptent parmi les plus fines de celles que nous aient livrées les grottes nous le montrent suivi de son armée démoniaque et traversant la mer. Le caractère sassanide du costume sur l'une de ces peintures est particulièrement remarquable.

III

Nous avons parcouru maintenant tout le cycle de l'iconographie bouddhique de Touen-houang. Cependant, dans la masse des peintures, il en est un certain nombre qui forment un groupe à part. Tibétaines et indiennes, elles constituent des documents du plus haut intérêt, car, s'il s'agit de peintures tibétaines, ce sont les seules de date certaine qui soient antérieures au xi⁰ siècle. Au point de vue de l'histoire de l'art tibétain, elles nous livrent, par conséquent, des documents de premier ordre. S'il s'agit de peintures indiennes, nous avons alors devant nous des documents figurés antérieurs au xi⁰ siècle, et là encore les peintures de Touen-houang viennent combler une lacune car elles nous livrent des peintures bouddhiques indiennes pour une époque à laquelle elles faisaient, jusqu'à présent, défaut.

Certaines peintures tibétaines ont un caractère mesuré et sévère, bien éloigné du style violent et de l'outrance qui devaient prévaloir à des époques plus tardives. Telle est une Kouan-yin entourée de Bodhisattvas. Sur les six assistants, les inscriptions qui subsistent nous permettent d'en déterminer quatre : ce sont Kshitigarbha, Sarvanivaraṇavishambhī, Mañjuçrī et Samantabhadra. On a ici l'exemple d'une pureté de style presque classique, où l'on voit se réfléchir, peut-être, la conception picturale indienne d'une époque pour nous inaccessible, puisque les monuments purement indiens sont détruits. Ailleurs, on peut voir, à travers cette mesure même, s'annoncer le caractère sauvage et contourné de l'art proprement tibétain. C'est le cas pour un mandaḷa d'Avalokiteçvara où le Bodhisattva de Miséricorde apparaît, accompagné de Bhaiṣajyaguru trônant dans les nuages, au-dessus de lui, assisté de deux lamas à bonnet jaune. En bas, une Çrīdevī bleue; sur les côtés, des Avalokiteçvara portant la fleur de lotus et le flacon, séparent des intervalles dans lesquels sont représentés les miracles de Kouan-yin suivant le Saddharmapuṇḍarika sūtra. A les prendre individuellement, toutes les figures, même la Çrīdevi à forme tantrique, ont ce même caractère de mesure, d'équilibre, d'harmonie, qui nous frappait dans la peinture précédente. Mais une certaine tendance à la torsion rythmique des corps se manifeste, les vides de la peinture sont remplis par des formes qui se contournent en ornements singuliers; on voit commencer cette danse éperdue, cette stylisation singulière, ce goût démoniaque et cruel qui vont surcharger la peinture tibétaine dans ses périodes plus récentes (voir fig. 7).

Les peintures indiennes méritent aussi de retenir notre attention. Elles me paraissent artistiquement plus intéressantes que les miniatures népâlaises du XIᵉ siècle que M. Foucher nous a fait connaître. De plus, elles leur sont antérieures puisqu'elles appartiennent sans conteste au ixe ou au xe siècle. Le caractère indien du style y est évident et il se grave aussi bien dans la forme que dans la couleur. On peut facilement identifier un Padmapāni, un Mañjuçrī à l'épée, un Mañjuçrī au livre (voir fig. 8, 9 et 10).

IV

Il ne nous reste plus, maintenant, qu'à consacrer quelques instants aux xylographes. Ils sont les plus vieux du monde, puisque, sur deux d'entre eux, on relève la date de 947 et sur un autre la date de 980. Aucun, en tous cas, n'est sensiblement postérieur à l'an mille. D'autre part, ils nous livrent aussi deux noms de graveurs : ce sont Lei Yen-mei, sur la planche gravée en 947, et Wang Wen-tchao, sur la planche gravée en 980. Ce sont les premiers noms de graveurs sur bois que nous livre l'histoire; et ce sont des Chinois.

On touche à l'origine de l'imprimerie aussi bien que de la gravure sur bois, car à l'image est joint un texte gravé dans la planche même, ou bien, parfois, sur un bloc séparé. On peut se demander si la méthode de l'estampage des pierres gravées n'a pas conduit les Chinois à cette idée de graver dans une matière plus légère et dans des proportions plus réduites des images et des textes que l'on aurait pu reproduire au moyen d'un procédé analogue à l'estampage. Mais cette explication se heurte à une difficulté. Sur les pierres à estamper, le texte est droit puisque la feuille est collée d'abord sur la pierre et estampée par le dehors, de telle sorte que le texte et l'image sont lus dans le même sens. Dans la gravure, au contraire, l'encrage se fait directement du bois à la feuille, dessin et texte étant retournés, puisque la feuille est imprimée par sa face interne; il s'ensuit que le texte et l'image doivent être gravés dans le sens opposé à leur lecture définitive.

Or, sur l'un des xylographes de Touen-houang représentant Vaiçravaṇa (voir fig. 11), le texte nous dit expressément que le donateur a «commandé à des artisans de graver cette empreinte» 請 匠 人 雕 此 印 ou, à proprement parler, ce *sceau*. Le caractère en est resté usité pour désigner une image imprimée : «*yin-ti siang*». C'est donc à une comparaison entre le cachet et l'imprimé que nous conduit ce texte et il indique, sans doute, la voie par laquelle les Chinois, voulant multiplier les images pieuses, ont passé du cachet, gravé à l'envers pour donner une image droite, à la pratique du xylographe tel que nous le retrouvons à Touen-houang.

J'ai maintenant achevé ma tâche. Sans doute, je n'ai exposé que d'une façon générale les conclusions auxquelles conduit l'étude des peintures bouddhiques de la mission Stein. J'ai insisté sur les plus importantes; j'ai dû laisser de côté bien des choses qui ne sont point sans intérêt; et, surtout, j'ai dû complètement négliger le caractère esthétique des peintures pour m'attacher à leur caractère documentaire. Qu'il me soit permis, tout au moins, de dire en finissant que, si elles apportent au point de vue iconographique quelques éléments nouveaux, elles constituent des matériaux de premier ordre pour l'histoire de l'art bouddhique.

On retrouve, à Touen-houang, des traces d'influences diverses. Les peintures indiennes voisinent avec les peintures tibétaines et chinoises. Le style chinois y lutte avec des influences étrangères et, jaillis de ces efforts confus, les Buddhas et les Bodhisattvas du bouddhisme du Nord, apparaissent dans une magnificence qu'ils ne retrouveront jamais plus. Dans ces ordonnances fastueuses, nous pouvons étudier la peinture de l'époque des T'ang et du début des Song. Les documents sont nombreux désormais qui nous permettent de la saisir. Toute une époque réputée inacessible nous apparaît, familière et toute proche, comme si elle était d'hier.

Fig. 1. — PEINTURE SUR SOIE.

Images gandhāriennes.

A gauche, le Buddha Çākyamuni tenté par l'armée de Māra : il est assis sur un rocher et touche le sol de sa main droite ; au-dessous de lui, l'image d'argent du royaume de Kapiça.

A droite, le Buddha debout, du Parc aux Cerfs de Bénarès.

Fig. 2. — BANNIÈRE SOIE.

Du haut en bas :
Les adieux de Kanthaka et de Chandaka. Çākyamuni se dépouillant de ses insignes princiers et
rasant sa chevelure. Çākyamuni en méditation.

Fig 3. — BANNIÈRE SOIE.

Du haut en bas :
La descente du ciel des Tuṣitas. Mayādēvī se
rendant au parc de Lumbinī. La naissance de
Çākyamuni. Les sept pas du Buddha naissant.

Fig. 4. — PEINTURE SUR SOIE.

Maṇḍala d'Amitābha.

Fig. 5. — PEINTURE SUR SOIE.

Kouan-yin sous la forme de « Celle qui montre le bon chemin ».

Fig. 6. — BANNIÈRE SOIE.

Fig. 8. — PEINTURE INDIENNE.

Kṣitigarbha portant le flacon d'ambroisie.

Padmapāṇi.

Fig. 7. — PEINTURE TIBÉTAINE SUR TOILE.

Maṇḍala d'Avalokiteçvara.

Fig. 9. — PEINTURE INDIENNE.

Mañjuçrî à l'épée.

Fig. 10. — PEINTURE INDIENNE.

Mañjuçrî au livre.

Fig. 11. — XYLOGRAPHE.

Partie surmontant le texte gravé et représentant Vaiçravaṇa.

LA QUESTION DES RITES CHINOIS

PAR

M. HENRI CORDIER.

La question des rites chinois forme un chapitre des plus intéressants de l'histoire de la prédication du christianisme dans l'Empire du Milieu; elle offre également une grande importance religieuse et politique, car de son règlement pouvait dépendre le mouvement de l'expansion du catholicisme en Chine et si l'on songe que, pendant fort longtemps, ce fut par les missions seulement que la diffusion des idées occidentales put se produire dans l'intérieur du pays. Au moyen âge, en Chine, le christianisme fut essentiellement une religion étrangère, non seulement par son origine, mais aussi par ses prosélytes : à de rares exceptions près, ceux-ci en effet n'étaient pas les autochtones mais bien les innombrables fonctionnaires amenés à leur suite par les khans mongols. Il en fut tout autrement, lorsqu'à la fin du xvie siècle, les Jésuites pénétrèrent en Chine ; leur action devait se faire sentir sur la population chinoise elle-même ; ils se trouvaient par suite en présence de religions indigènes, auxquelles ils devaient chercher à arracher des adeptes pour les rattacher à leurs propres croyances.

La Chine possède, ainsi que j'ai déjà eu l'occasion de le dire ici, trois religions, *San Kiao*, qui sont le *Jou Kiao* (religion des lettrés), le *Tao Kiao* (religion des taoïstes, disciples de Lao Tseu) et le *Fo Kiao* (religion de Fo, bouddhisme). Les deux dernières sectes importaient peu aux missionnaires, mais il n'en était pas de même de la religion des lettrés, qui par les devoirs qu'elle imposait à ceux qui lui appartenaient, c'est-à-dire tous les fonctionnaires, paraissait offrir une barrière infranchissable à tout recrutement chrétien.

Rappelons en quelques mots ce qu'est le culte rendu à Confucius, dont la forme orthodoxe lui a été donnée par le célèbre philosophe Tchou hi, de la dynastie des Soung (1130-1200), car il faut bien reconnaître que, jusqu'à la fin de sa vie, Confucius fut méconnu par les princes, ses contemporains,

Suivant la loi, un *Wen Miao* ou temple de Confucius doit être construit dans chaque préfecture, sous-préfecture, district, ville de marché, dans tout l'empire; le temple doit faire face au Sud et il se compose de trois cours qui se suivent en général du Sud au Nord; le temple proprement dit est appelé la salle de la Grande Perfection, *Ta-tch'eng tien;* une des cours renfermant la salle des Ancêtres, *Tsoung Cheng tseu.*

Ce qui caractérise les temples de Confucius, ce sont les tablettes en l'honneur du Sage lui-même, de ses associés ou de ses disciples. La tablette de Confucius est placée à l'extrémité nord du Temple, regardant le Sud et portant l'inscription : *Tche Cheng Sien-che K'oung tseu,* le Sage parfait, l'ancien Maître, le Philosophe K'oung, titre qui fut donné à celui-ci en 1530 et qui, changé en 1645 par le premier empereur de la dynastie Ta Ts'ing, Chouen Tche, fut définitivement rétabli en 1657.

En 1331, quatre associés (*Se-Pé*) de Confucius reçurent par décret impérial les noms honorifiques sous lesquels ils sont connus encore aujourd'hui : Yen-tseu, qui mourut en 488, à 32 ans, reçut le titre de *Fou-cheng;* en face de sa tablette dans le temple se trouve celle de Tseng-tseu, né en

5o6, avec le titre de *Tsoung-cheng*; Tseu-seu, petit-fils de Confucius, avec le titre de *Chou-cheng*; enfin Meng-tseu, avec le titre de *Ya-cheng*.

Mais bien d'autres disciples ont une place réservée dans les temples de Confucius. Le Dr Legge écrit : Se-ma Ts'ien fait dire à Confucius : « Les disciples qui ont reçu mes leçons et peuvent les comprendre eux-mêmes sont soixante-dix-sept ». Ce sont des savants d'une habileté extraordinaire. Le dicton ordinaire est que les disciples du Sage étaient 3,ooo, tandis que parmi eux il y en avait soixante-douze d'illustres.

Parfois certains philosophes, tel le réformateur Wang Ngan-che, après avoir été admis dans les temples en ont été expulsés. Le consul anglais T. Watters, sinologue distingué, a consacré un volume entier à la description des tablettes qui se trouvent dans un temple de Confucius.

Les cérémonies en l'honneur de Confucius ont lieu deux fois par an. La religion d'État ou *Jou-Kiao* comprend trois degrés de sacrifices :

a. Les grands sacrifices qui s'adressent au Ciel (*T'ien*), à la Terre (*Ti*), aux grands temples des Ancêtres (*T'ai Miaó*), où sont placées les tablettes des empereurs défunts de la dynastie régnante, aux *Chié-tsi*, dieux de la Terre et des Grains.

b. Les sacrifices moyens ont neuf objets : le So-leil, la Lune, les mânes des empereurs et rois des dynasties précédentes, Confucius, les anciens patrons de l'Agriculture et de la Soie, les dieux du Ciel et de la Terre, et l'année du Cycle.

c. Les sacrifices inférieurs, *Kioun-se*, s'adressent soit à des bienfaiteurs défunts, à des hommes d'État célèbres, soit au vent, à la pluie, au tonnerre, aux montagnes, aux fleuves, etc.

C'est au solstice d'hiver qu'a lieu la grande fête de la religion d'Etat, c'est le jour où l'Empereur, Fils du Ciel, se rend officiellement au *T'ien-tan*, Temple du Ciel, à Peking.

Le P. Ricci, fondateur de la Mission des Jésuites de Peking, au commencement du xviie siècle, re-marque : «Le vrai temple des lettrés est celui de Confucius; la loi veut, en effet, qu'on lui en élève un dans toutes les villes, au lieu que nous appelons l'Ecole. A ce temple, très somptueux, est adossé le palais du magistrat auquel sont soumis ceux qui ont déjà le premier grade dans les lettres. A la place d'honneur, dans le temple, est la statue de Confu-cius ou bien une tablette bien travaillée portant son nom en lettres d'or, et à ses côtés sont les statues ou les noms d'autres sages qui ont été ses disciples et sont également tenus pour saints. C'est là que les magistrats de la ville et les gradués viennent, à toutes les néoménies et aux pleines lunes, pour faire à Confucius leurs génuflexions, allumer les chandelles en son honneur et mettre de l'encens dans le brûle-parfums placé devant l'autel. De même, à l'anniversaire de sa mort [et] à certaines dates de l'année, ils lui offrent des animaux tués et d'autres choses qu'ils mangent ensuite en grande solennité. Tout cela, ils le font pour remercier Confucius de l'excellente doctrine qu'il leur a laissée dans ses livres, par le moyen desquels ils ont obtenu leurs mandarinats et leurs grades. Mais ils ne lui font aucune prière et ne lui demandent rien, non plus qu'à leurs ancêtres défunts. »

Le P. Ricci a écrit encore : « Cette religion n'admet pas d'idoles, mais honore seulement le Ciel et la Terre ou le Roi du Ciel... A cet Être suprême du Ciel qu'ils reconnaissent, les lettrés n'érigent aucun temple ; ils ne lui ont consacré aucun lieu pour l'y adorer. Conséquemment, ils n'ont ni prêtres, ni ministres de la religion, ni rites solennels à garder par tous, ni préceptes ou commandements imposés, ni chef spirituel, chargé de déclarer ou promulguer leur doctrine et de châtier ceux qui la transgressent.

De même, ils ne récitent jamais de prières ni en commun, ni en particulier. Bien plus, ils prétendent que l'Empereur seul doit offrir ces hommages et sacrifier au Roi du Ciel... Le vrai temple des lettrés est celui de Confucius. »

Ricci, d'ailleurs, s'attarda peu à ces discussions religieuses, car il sentait fort bien que, pour faire accepter une nouvelle religion à la Chine, il ne fallait pas heurter de front un culte séculaire, qui avait donné sa forme au système social et partant au système administratif du Céleste Empire.

A côté des religions d'État se dressait le culte populaire et universel des Ancêtres, c'est-à-dire l'hommage rendu par les Chinois de toutes les classes à leurs ascendants, culte qui avait pour base la piété filiale, fondement de la famille chinoise, à la tête de laquelle se trouve l'Empereur lui-même, Fils du Ciel. Ce culte était-il compatible avec l'enseignement du culte catholique?

Dans l'humble demeure du paysan comme dans la maison somptueuse du banquier, dans le misérable logis du coolie comme dans l'imposant yamen du mandarin, l'Ancêtre est présent au foyer domestique, dans un cadre qui varie suivant la fortune, mais entouré partout de la même vénération. Les

Ancêtres sont représentés soit par une simple tablette, *chen tchou* ou *chen p'ai,* d'environ quinze centimètres de haut sur quatre de large, soit, chez les gens aisés, par une salle, *tsou miao,* où sont réunies et rangées par ordre chronologique les tablettes de tous les parents défunts; ces salles sont plus ou moins richement ornées, suivant l'état de fortune du propriétaire; les tablettes se trouvent toujours chez le fils aîné, souvent aussi chez la plupart des membres de la famille. Parfois, derrière la tablette, une cavité permet de recueillir des morceaux de papier portant les noms d'ancêtres éloignés; tous les jours on brûle de l'encens et du papier devant les tablettes, en accompagnant la cérémonie de génuflexions.

On célèbre aussi d'une manière générale le culte des Ancêtres dans la première moitié d'avril, cent six jours après le solstice d'hiver, période appelée *tsing ming;* toute la population se rend en famille aux cimetières, portant les objets nécessaires aux libations et aux sacrifices, le papier et l'encens pour être brûlés; les tombes sont réparées et nettoyées; il existe, ainsi qu'on le peut constater, une grande ressemblance entre cette cérémonie et les visites que l'on fait, dans nos pays, dans les cimetières, le jour de la Toussaint et le jour des Morts. Les prières terminées, trois morceaux de gazon sont placés à l'avant et à l'arrière de la tombe pour maintenir des flots de papier rouge et blanc qui flottent aux vents, indiquant que les rites ont été accomplis.

Comme on le voit, ce culte est simple; il réunit également toutes les classes de la société, toutes les sectes religieuses de l'Empire, qu'elles soient confucianistes, bouddhistes ou taoïstes; on peut donc dire avec raison que, tout en n'étant pas comprise dans les *San-Kiao*, les trois religions d'Etat, elle est la principale religion de la Chine.

Il y avait enfin une troisième difficulté dans l'évangélisation en Chine, difficulté facile à régler lorsque le Souverain Pontife en serait saisi : c'était celle de savoir par quel mot chinois on désignerait Dieu. Serait-ce *Chang-Ti*, l'Être suprême? *T'ien,* le Ciel? *T'ien Tchou,* le Seigneur du Ciel? *Chin,* l'Esprit? etc. Nous verrons que le Pape choisit l'appellation *T'ien Tchou* pour désigner la Divinité.

Nous avons vu que le P. Ricci s'était, somme toute, fort peu préoccupé du caractère du culte rendu à Confucius et aux Ancêtres. Il en fut tout autrement lorsqu'à sa mort, le 11 mai 1610, le P. Nicolas Longobardi lui succéda comme Supérieur de la Mission. Longobardi explique ses doutes de la manière suivante :

« Il y a plus de vingt-cinq ans que le *Xangti* de la Chine (terme qui signifie le Roi d'en haut) commença à me faire quelque peine, parce qu'à mon entrée dans le Royaume, ayant lû selon la coûtume de nostre Compagnie les Quatre Livres de Confucius, je remarquay que l'idée que divers Commentateurs donnoient du *Xangti* estoit opposée à la nature divine. Mais comme nos Peres, qui depuis long-tems faisoient de la Mission, m'avoient dit que le *Xangti* estoit nostre Dieu, je rejettois mes scrupules, & je m'imaginois, que la difference qui se trouvoit entre le Texte ainsi entendu, & les Commentaires Chinois, venoit de l'erreur de quelque Interprete, qui n'avoit pas bien pris le sens du Texte, & qui s'estoit éloigné de la doctrine des Anciens. Je demeuray dans cette pensée pendant les treize premières années de mon séjour en la ville *Xao-cheu*, sans m'éclaircir, comme je le devois, sur ces difficultez, & sans le pouvoir mesme, parce que nos Peres estoient dispersez dans les autres maisons de nostre Compagnie. »

Longobardi fut prévenu par une lettre du Père Pasio, Visiteur du Japon, que certains livres composés en chinois par les Jésuites renfermaient des erreurs semblables à celles des païens. Longobardi se mit donc à étudier la question plus à fond et exprima ses doutes, partagés par un de ses confrères, le P. Sabathino de Ursis, dans un *Traité sur quelques points de la Religion des Chinois*. Le travail du P. Longobardi n'exerça d'ailleurs aucune influence sur la question, car il resta manuscrit et ne fut imprimé qu'en 1676, en espagnol, par le P. Navarrete, et en français, en 1701, à Paris, par les adversaires des Jésuites.

L'orage ne devait éclater que sous l'administration du P. Emmanuel Diaz (Junior) qui, en 1626, avait remplacé en qualité de vice-provincial le P. Longobardi, qui ne devait mourir à Peking que le 11 décembre 1654, et rétracta ce qu'il avait dit sur les rites chinois au début de sa carrière. En effet, la venue de religieux appartenant à d'autres ordres allait bouleverser la quiétude dans laquelle vivaient les Jésuites. En 1631 arrivaient au Fou Kien les dominicains Angelo Coqui et Thomas Serra et, deux ans plus tard, Jean-Baptiste Moralez, également dominicain, et le franciscain Antoine de Sainte-Marie : celui-ci, hostile aux rites, écrivit un *Traité sur quelques points importants de la Mission de la Chine,* adressé au R. P. Louis da Gama, Jésuite, Visiteur des Provinces de la Chine et du Japon, qui ne vit le jour qu'en 1701, avec celui du P. Longobardi, dans lequel il arrivait à la conclusion suivante :

« Cette expérience nous doit persuader que quelques obstacles & quelques difficultez que nous appré-hendions de trouver dans l'entreprise de détourner les Chinois, & particulièrement les Mandarins & les Lettrez du culte ancien & universel qu'ils rendent à Confucius & aux Ancêtres, nous ne devons ni le tolérer, ni nous abstenir d'en faire voir la superstition avec beaucoup de douceur & de bonnes raisons, laissant à Dieu le soin de faire réussir nos travaux. Car si nous nous ménageons sur cet article, nous attaquons le premier Commandement du Décalogue, & nulle-ment le quatrième. Je ne dis pourtant pas qu'on doive agir sans circonspection & sans mesure, sçacha-chant bien que les choses morales ont leur étendüe & leur degrez. »

La fougue des nouveaux venus ne tarda pas à exciter la colère des autorités chinoises, et Domini-cains et Franciscains, d'ailleurs peu nombreux, furent expulsés de Chine (1637). Moralez adressait en 1639 au P. Emmanuel Diaz (Jr.), Visiteur des Jésuites, un mémoire en douze articles sur les rites chinois; le P. Diaz ayant différé sa réponse, Moralez partit pour Rome, où il arriva en 1643, et, le 12 septembre 1645, obtenait du pape Innocent X un décret prohibant les rites, qu'en 1649, Moralez notifia au Provincial des Jésuites en Chine.

Les Jésuites de Chine ne se tinrent pas pour

battus; en 1651, ils envoyaient à Rome un de leurs pères, Martin Martini, du Trentin, qui obtenait du pape Alexandre VII, le 23 mars 1656, un décret contradictoire, approuvant les Jésuites. Le voyage de Martini dura beaucoup plus longtemps qu'on pouvait le penser, et les retards que le mauvais temps apporta à sa mission servirent utilement la science; en effet, poussé sur la côte de Norvège par la tempête, Martini ne put arriver à Rome qu'en passant par la Hollande et après avoir traversé l'Allemagne. Son séjour en Hollande eut un double résultat : celui de lui faire publier dans la collection de Blaeu son célèbre *Atlas Sinensis* et de lui faire faire la connaissance de l'illustre savant Jacques Golius.

Cependant Moralez ne désarmait pas; en 1661, il adresse un nouveau mémoire à la Sacrée Congrégation à Rome; le 13 novembre 1669, le P. Jean de Polanco obtenait un décret, confirmé le 20 novembre de la même année par Clément IX. Cependant Moralez était mort en 1664 et Navarrete lui succéda comme Préfet de l'ordre en Chine. Une persécution générale éclate en 1665; les missionnaires qui sont exilés au Kouang Toung, sans distinction d'ordres, au nombre de vingt-trois, se réunissent chez les Jésuites; en 1667, tous, Franciscains et

Dominicains, y compris Navarrete, sauf le P. Antoine de Sainte-Marie, franciscain, promettent d'adopter la pratique des Jésuites; ceci n'empêche pas que six ans plus tard, Navarrete se rend à Rome et qu'en 1676, il publie le premier volume de ses *Tratados historicos*, dans lequel il prend les Jésuites à partie. Mais il trouve un adversaire dans sa propre congrégation; le dominicain Grégoire Lopez, évêque de Basilée, et Chinois de naissance, adresse le 18 août 1686, à la Sacrée Congrégation, un traité en faveur des Jésuites. Le terrain allait changer de théâtre et d'acteurs. Les Jésuites sont attaqués en 1682 par l'ouvrage *La Morale pratique des Jésuites* qui eut de nombreuses éditions. Le P. Michel le Tellier y répondit en 1697 par son livre : *Defense des Nouveaux Chrestiens et des Missionnaires de la Chine, du Japon & des Indes contre deux Livres intitulez la Morale pratique des Jesuites & l'Esprit de M. Arnaud,* qui recevait l'approbation de l'abbé de Brisacier, approbation d'ailleurs révoquée par son auteur, le 20 avril 1700. En 1698, le P. Charles Le Gobien écrivait l'*Histoire de l'édit de l'empereur de la Chine, en faveur de la Religion Chrestienne : avec un eclaircissement sur les honneurs que les Chinois rendent a Confucius & aux Morts.* L'ouvrage de Le Gobien était une suite des *Nouveaux Memoires sur l'Etat present de la*

Chine, du P. Louis Le Comte, qui avaient paru en 1696.

Entre temps, excédé de cette question irritante, le Pape crut bien faire de confier à un prêtre des Missions étrangères, docteur en Sorbonne, Charles Maigrot, le soin de lui faire un rapport. Maigrot, nommé Vicaire apostolique du Fou Kien et évêque de Conon, quoique placé dans un milieu extrêmement défavorable pour l'étude qui lui était ordonnée, lança, le 26 mars 1693, un trop fameux mandement, dans lequel il n'hésitait pas à critiquer la décision du pape Alexandre VII : «Nous déclarons, disait-il, que l'exposé des demandes proposées au pape Alexandre VII sur les points de controverse qui partagent les ouvriers évangéliques de cette mission n'est pas véritable en plusieurs articles, et qu'ainsi les missionnaires ne peuvent s'appuyer sur les réponses que le Saint-Siège a faites à ces demandes, quoiqu'elles soient vraies et sages par rapport aux circonstances exposées dans les doutes.» Non seulement les Jésuites, mais aussi les évêques de Nan King, d'Ascalon, et de Macao, protestèrent contre ce mandement.

L'abbé Quemener, des Missions étrangères, envoyé à Rome dès 1690, présente en 1696, à Innocent XII, le mandement de Maigrot, accompagné d'une requête pour demander que le Saint-Siège réglât ce qui lui plairait sur ce mandement. Le 19 mars 1697, Nicolas Charmot, procureur des Missions étrangères, remettait un premier mémoire à la Sacrée Congrégation du Saint-Office ; les Jésuites ripostèrent par plusieurs mémoires en latin et en italien. Le 3 juillet 1697, le Saint-Office commandait à Charmot un nouveau mémoire ; Charmot remettait le traité *Veritas facti,* suivi de plusieurs autres, tandis que les Jésuites adressaient un placet à l'empereur K'ang Hi pour réclamer sa protection et son avis autorisé. Le 16 avril 1699, avait lieu la première réunion des cardinaux chargés par Innocent XII d'examiner les affaires des cérémonies chinoises ; le 10 avril 1700, paraît une *Lettre de Messieurs des Missions Étrangères au Pape sur les idolâtries et sur les superstitions chinoises.* Le 8 mai suivant, la Faculté de Théologie de Paris faisait une déclaration et le 18 octobre, elle censurait les *Nouveaux Memoires* du P. Le Comte, l'*Histoire* du P. Le Gobien, et la *Lettre au duc du Maine sur les Cérémonies de la Chine,* publiée par le P. Le Comte en 1700.

Ce fut un beau tapage. D'autant plus que le P. Le Comte était le confesseur de la duchesse de Bourgogne.

Saint-Simon écrit en 1700 [1] : «Les disputes de la Chine commençoient à faire du bruit sur les cérémonies de Confucius et des Ancêtres, etc., que les Jésuites permettoient à leurs néophytes, et que les Missions étrangères défendoient aux leurs : les premiers les soutenoient purement civiles; les autres, qu'elles étoient superstitieuses et idolâtriques. Ce procès entre eux a eu de si terribles suites, qu'on en a écrit des mémoires fort étendus, et des questions et des faits, et on en a des histoires entières. Je me contenterai donc de dire ici que les livres que les Pères Tellier et le Comte avoient publiés sur cette matière furent déférés à la Sorbonne par les Missions étrangères, et qu'après un long et mûr examen, ils furent fortement condamnés : tellement que le Roi alarmé que la conscience de Mme la duchesse de Bourgogne fût entre les mains du P. le Comte, qu'elle goûtoit fort, et la Cour aussi, il le lui ôta, et, pour un salve-l'honneur, les jésuites l'envoyèrent à Rome, et publièrent que, de là, après s'être justifié, il retourneroit à la Chine. La vérité fut qu'il alla à Rome, mais qu'il ne s'y justifia, ni ne retourna aux missions. »

Les presses de Cologne, de Paris, de Rome, de

[1] *Mémoires*, éd. Boislisle, VII, pp. 165 et suiv.

Louvain, de Venise ne suffisent pas à imprimer les traités, pamphlets, décrets, censures, arrêtés, éclaircissements, histoires, réponses, lettres, mémoires qui débordent des encriers des Jésuites, des membres des Missions étrangères, des Dominicains et des prêtres du clergé séculier; c'est par centaines qu'il faut compter ces productions, dont le ton de quelques-unes atteint à une violence connue seulement dans les controverses ecclésiastiques; cependant les Jésuites sont battus, mais ils luttent néanmoins; ils ont en leur faveur une carte qu'ils se gardent de négliger; à des théologiens savants, mais peu pratiques, ils opposent des arguments de lettrés confucianistes; aux discours latins, ils opposent des textes chinois, et à l'opinion du Pape, ils répondent par l'avis de l'empereur de la Chine, et l'empereur de la Chine est le premier lettré de son royaume, auteur du fameux dictionnaire *K'ang Hi Tseu-tien*, dont on se sert encore aujourd'hui dans son pays, qu'on peut comparer à Louis XIV, tant par la durée de son règne que par l'éclat de ses conquêtes et la protection qu'il sut accorder à la science et à l'intelligence : le célèbre K'ang Hi.

En 1702, Clément XI désignait Charles Thomas Maillard de Tournon, Patriarche d'Antioche, comme Commissaire et Visiteur apostolique général, Légat *a*

latere en Chine. Le 20 novembre 1704, la Congrégation du Saint-Office publiait un décret solennel
prohibant les cérémonies chinoises, le Pape l'approuva et le légat était chargé de le promulguer en
Chine. Tournon arriva à Canton le 8 avril 1705 ; il fut
bien accueilli à Peking par l'empereur K'ang Hi, et
une première audience particulière lui fut accordée
le 31 décembre suivant. Reçu en audience solennelle
le 26 juin 1906, le Patriarche eut à répondre aux
questions de l'Empereur, qui se montra favorable aux
Jésuites ; l'évêque de Conon, chargé de rédiger ce
qu'il trouvait de contraire à la religion chrétienne
dans la doctrine de Confucius, écrivit un Mémoire
qui indisposa les esprits contre lui : on le taxa d'ignorance, et l'on prétendit qu'il n'avait rien compris
aux textes chinois. Maigrot se trouvait naturellement
dans une situation défavorable ; vicaire apostolique
du Fou Kien, étranger aux usages de la Cour, son
long séjour dans la province qu'il administrait, où le
dialecte que l'on parle est tout à fait différent de celui
de Peking, ne le préparait guère à lutter contre des
adversaires versés dans les usages de la Cour, habi-
tués à manier la langue du Nord et soutenus au fond
par l'Empereur. Le lazariste Appiani, qui accompa-
gnait Tournon, était trop nouvellement arrivé en
Chine, quoiqu'il déployât un zèle, voire une violence

extrêmes, pour être d'un grand secours à l'évêque de Conon. Celui-ci trouva un appui inespéré parmi ses adversaires : Claude de Visdelou, l'un des premiers Jésuites envoyés par Louis XIV, prit le parti du légat, mais ils avaient affaire à forte partie. Nous possédons les procès-verbaux des discussions qui eurent lieu sur cette Question des Rites. Le P. Stumpf, et surtout le P. Provana, déployèrent une vigueur d'arguments qui produisirent le plus grand effet sur l'Empereur.

Et cependant le règlement de la Question des Rites ne fut certainement pas la principale difficulté que rencontra Tournon dans sa mission. Une des principales causes de la mésintelligence qui régnait entre les divers ordres religieux était la concurrence qu'ils se faisaient les uns aux autres. Dans la même ville se trouvaient aussi bien des églises de Franciscains et de Dominicains que de Jésuites, et toutes ces communautés étaient placées sous la juridiction d'un évêque qui, naturellement, ne pouvait appartenir qu'à une seule congrégation; d'où difficultés avec les religieux appartenant aux autres sociétés. Cet état de choses ne pouvait durer sans porter un préjudice grave aux intérêts de la religion; Tournon avait donc mandat d'organiser des vicariats apostoliques et d'en désigner les évêques parmi les

membres de la congrégation affectée à leur territoire
administratif. Le patriarche se heurta à une difficulté
qu'il aurait dû prévoir : à la tête des congrégations,
se trouvaient des supérieurs; il n'y avait aucun incon-
vénient, pour les Lazaristes ou les Missions étrangères, par exemple, qui ne prononcent pas de vœux,
que l'évêque fût en même temps le supérieur de la
mission; il n'en était pas de même des Jésuites. Le
désir de leur fondateur, qui pour eux était un ordre,
était que sa Société relevât du Pape directement et
qu'aucun de ses membres ne fût élevé à l'épiscopat,
pour éviter précisément une rivalité entre l'autorité
ecclésiastique représentée par l'évêque et l'autorité
religieuse, représentée par le supérieur.

Sans doute, il y eut et il y a des Jésuites évêques,
et même cardinaux, mais ils n'ont accepté ces hautes
dignités que sur l'ordre formel du Souverain Pontife, forcés, pour ainsi dire. Tournon voulut élever
à l'épiscopat un certain nombre de Jésuites, qui décli-
nèrent cet honneur : il n'osa nommer un évêque à
Peking, la France, à cause de ses missionnaires, et
le Portugal, à cause de ses anciens droits, reven-
diquant également un siège pour leurs nationaux;
mais en 1707, il sacra le P. Antoine da Silva comme
administrateur de Nan King. Les Jésuites en appelèrent au Saint-Siège, qui désavoua son légat, et le

P. Antoine da Silva envoya immédiatement sa démission d'évêque. Goa protestait également et Mgr de Tournon se trouva avoir contre lui Français et Portugais qui semblaient s'être mis d'accórd, quoiqu'il n'en fût rien. Et puis l'empereur K'ang Hi aurait-il accepté, sans qu'il fût consulté, qu'on établît une hiérarchie ecclésiastique dans ses Etats? Le légat était donc placé dans une situation inextricable.

L'Empereur, irrité contre le patriarche et l'évêque de Conon, lançait le 2 août 1705, un décret de bannissement contre Maigrot, après que celui-ci eût été arrêté et rentrait en Europe, où il fut reçu par le Pape en 1709. Le même jour, le patriarche d'Antioche reçut l'ordre de se préparer au départ et le 28 août il quittait Peking, laissant la Mission dans le plus profond désarroi.

Arrivé à Nan King, le légat publiait le 25 janvier 1707, un mandement par lequel tous ceux qui ne respecteraient pas le décret seraient frappés d'excommunication; il y ajoutait des règles de telle nature que ceux qui les auraient observées auraient certainement été expulsés de Chine. L'évêque d'Ascalon, Alvaro Benevente, l'évêque de Macao, le vicaire apostolique de Nan King, tous franciscains, en appelèrent au Souverain Pontife du mandement du patriarche d'Antioche; celui-ci fut même arrêté

et remis entre les mains des Portugais, qui, à Macao, le jetèrent dans une prison, où il mourut épuisé,
à l'âge de 42 ans, le 8 juin 1710. Le chapeau de
cardinal ne fut qu'une tardive consolation que reçut
Mgr de Tournon dans sa captivité.

En somme, le légat fut une victime : nullement
préparé à la haute mission qui lui était confiée, pro-
fondément ignorant des choses de Chine, ne con-
naissant aucunement la situation du pays dans
lequel il devait agir, saint homme mais esprit borné,
poussé par des conseillers violents, aussi peu savants
que lui, il était hors d'état de lutter contre des
adversaires, maîtres du terrain sur lequel ils exer-
çaient leur action, redoutables par leur science, et
soutenus par le souverain du pays. Maigrot fut le
mauvais génie de Tournon; il ne pouvait être préparé dans sa province lointaine à jouer à Peking le
rôle que la confiance du légat lui imposait; son
intransigeance fut la cause principale de l'insuccès
du patriarche d'Antioche, et sans suspecter sa bonne
foi, on peut dire que la conduite de l'évêque de
Conon paraît avoir été dictée par la haine des
Jésuites; les Missions étrangères et le P. Tachard,
l'un des Jésuites de Louis XIV, n'avaient pas entre-
tenu de relations agréables au Siam; les deux ordres
religieux n'avaient aucune sympathie l'un pour

l'autre, ainsi qu'on le vit dans la condamnation de la Sorbonne et les négociations à Rome de Charmot et de Quemener.

Le 25 septembre 1710, un décret de Clément XI confirmait le décret de 1704 et le mandement du cardinal de Tournon de 1707, et cassait l'appel interjeté de ce mandement; le 11 octobre, le Pape faisait signifier le nouveau décret par l'assesseur du Saint-Office à tous les généraux des ordres religieux représentés en Chine. A l'assemblée des Jésuites tenue à Rome le 20 novembre 1711, le Général de la Compagnie, le P. Michel Ange Tamburini, se soumettait au décret du Souverain Pontife condamnant les cérémonies chinoises.

Une nouvelle cause d'irritation pour les adversaires des Jésuites fut la condamnation en 1713, par la bulle *Unigenitus,* de Clément XI, du livre de *Réflexions morales* du P. Quesnel, oratorien, entaché de jansénisme et signalé au Saint Père par le Roi. Le cardinal de Noailles, archevêque de Paris, et sept autres évêques furent hostiles à la Bulle, et sans l'interdiction de Louis XIV, auraient envoyé leur protestation à Rome; on vivait dans une atmosphère de passions religieuses surchauffée et la lutte entre le jansénisme et les Jésuites revêtait les formes les plus diverses ; elle ne se termina que par la suppression de la Compagnie de Jésus le 16 août 1773 par le bref *Dominus ac Redemptor* de Clément XIV, et le jansénisme, à bout de souffle, d'arguments et d'adversaires, s'éteignit au milieu de l'indifférence générale.

Le 19 mars 1715, Clément XI publiait la constitution *Ex illa die,* qui confirmait avec plus de force ses décisions précédentes, qui exigeait sous serment et sous les peines les plus sévères que la formule et les prescriptions de la Sacrée Congrégation soient strictement observées ; un nouveau légat était désigné pour promulguer cette constitution en Chine : c'était le patriarche d'Alexandrie, Georges Ambroise Mezzabarba.

Pour se concilier les bonnes grâces du Portugal, le légat s'embarqua à Lisbonne le 25 mars 1720, et il arrivait à Macao le 26 septembre. De là il se rendit à la capitale.

Homme avisé, esprit subtil, Mezzabarba avait toutes les qualités de négociateur qui manquaient à son prédécesseur, et si quelqu'un pouvait réussir dans une tâche aussi particulièrement délicate, car il y avait des susceptibilités à calmer, des blessures à panser, voire des haines à apaiser, c'était bien lui ; mais cette tâche était devenue impossible ; l'empereur

K'ang Hi, âgé, était lassé de ces querelles théologiques avec des étrangers qui ignoraient tout de son gouvernement et de sa personne; il fut aimable à l'égard du légat, qu'il reçut à diverses reprises, parfois goguenard, il rappelait le mauvais souvenir de Maigrot dont il demandait la tête; Mezzabarba fut comblé de bonnes paroles, mais n'obtint rien. Reçu le 4 mars 1721 en audience de congé par l'Empereur, le patriarche d'Alexandrie quittait, le lendemain, la capitale de la Chine, désolé de son insuccès.

Arrivé le 27 mai à Macao, Mezzabarba y publiait, le 4 novembre 1721, un mandement par lequel il accordait huit permissions particulières relatives au culte de Confucius et des Ancêtres, et il reprenait tristement le chemin de Rome, emportant le cercueil de son malheureux prédécesseur. Les permissions étaient ainsi conçues :

1° On tolère dans les maisons des Chrétiens chinois l'usage des tablettes avec le nom du défunt, pourvu qu'à côté on mette la déclaration prescrite et qu'on évite les superstitions et tout ce qui pourrait causer du scandale.

2° On tolère les cérémonies chinoises qui ne sont

point imbues de superstitions, qui n'en sont pas suspectes et qui sont d'ailleurs purement civiles.

3° On permet de rendre à Confucius un culte purement civil devant sa tablette, pourvu qu'elle soit purgée de l'inscription superstitieuse et qu'on y ajoute la déclaration prescrite. De même on permet d'allumer des cierges, de faire brûler des parfums et de mettre des viandes devant la tablette de ce philosophe.

4° On permet les génuflexions, les inclinations, les prostrations devant la tablette des défunts ou devant leur cercueil. On permet de présenter des cierges pour la dépense des funérailles, moyennant la protestation prescrite.

5° On permet de préparer une table qui soit chargée de fruits, de viandes et de tout ce qui est propre à manger devant le cercueil ou devant la tablette corrigée avec la déclaration prescrite, pourvu qu'on en retranche tout ce qui sent la superstition, et qu'on ne se porte à ces cérémonies que par esprit de reconnaissance pour les défunts.

6° On permet de faire devant la table corrigée les prostrations d'usage à la nouvelle année chinoise et dans les autres temps de l'année.

7° On permet de brûler des parfums et des cierges devant les tablettes, pourvu qu'on ajoute la protestation prescrite.

8° On peut faire la même chose devant les tombeaux, où l'on peut dresser une table chargée de fruits et de viandes, en se servant des correctifs marqués.

Un dernier bref fut publié par Clément XII, le 26 septembre 1735, et enfin, le 11 juillet 1742, le pape Benoît XIV promulguait la bulle *Ex quo singulari providentia factum est,* qui était suivie de la confirmation et de la rénovation de la constitution de Clément XI *Ex illa die,* ainsi que de la « révocation, rescission, abolition, cassation, annullation, condamnation des Permissions accordées autrefois au sujet des mêmes Cérémonies, par une Lettre pastorale de Charles-Ambroise Mezzabarba, Patriarche d'Alexandrie, autrefois Commissaire et Visiteur apostolique dans l'Empire de la Chine ».

Tout était fini. On imposait aux missionnaires à destination de la Chine, aussi bien qu'à ceux qui y résidaient déjà, une formule de serment par lequel ils ne devaient plus approuver le culte rendu à Con-

fucius et aux Ancêtres et ils devaient accepter le
terme unique de *T'ien Tchou*, Seigneur du Ciel, pour
désigner Dieu. A Dieu ne plaise que je critique le
verdict du Saint Père ! En matière de dogme, un
grand théologien, comme l'était Benoît XIV, ne pouvait se tromper, et cependant, parmi ses prédé-
cesseurs, Alexandre VII approuvait ce qu'il con-
damnait. Chigi était-il moins infaillible que Lam-
bertini? Si le Souverain Pontife avait pour lui le
dogme, les Jésuites avaient une expérience pratique
presque séculaire: la Bulle de 1742 marquait, non
pas un arrêt, mais un mouvement rétrograde dans
le développement des missions. Le Chinois est un
être supérieurement intelligent et la morale n'est pas
négligeable, du philosophe qui a énoncé cette belle
maxime : «Le sage s'applique sérieusement à la
pratique de la vertu, mesure les autres avec la même
mesure que lui-même et ne s'écarte guère de la voie
de la perfection. *Il évite de faire aux autres ce qu'il
n'aime pas que les autres lui fassent à lui-même.* » Les
anciens Jésuites avaient compris qu'il fallait s'adresser
à l'élite de la nation; dorénavant, ils ne pouvaient
plus s'adresser qu'aux classes inférieures et sans
influence; la qualité des néophytes devenait tout
autre. La chose eut d'abord peu d'importance,
puisque la fin du xviiie siècle fut marquée par la

suppression de la Compagnie de Jésus et l'exil des diverses communautés de missionnaires à l'époque de la Révolution, pendant que la Chine, après le règne de K'ien Loung, traversait une période de troubles causés par les agissements des sociétés secrètes. Mais le xixe siècle recueillit le fruit de la décision de Rome et l'on peut dire que, comparées à leur état à l'époque de K'ang Hi, les missions de Chine végétèrent, malgré la ferveur de la prédication chrétienne.

Une situation nouvelle se produit aujourd'hui; ce n'est pas pour le plaisir de raconter l'histoire d'un passé déjà oublié que je viens de vous parler de la Question des Rites chinois, mais pour noter comment les événements récents peuvent réparer en partie le coup porté par la Bulle de 1742. Déjà, par suite de leurs multiples relations avec les pays étrangers, les Chinois avaient dû faire appel au zèle et à l'intelligence d'agents qui n'avaient pas suivi la carrière régulière et hérissée d'examens du fonctionnaire chinois, par exemple, pour les emplois diplomatiques, et nous avons connu un catholique comme ministre plénipotentiaire du Céleste Empire à Paris. La chute du trône mandchou amena une réforme plus radicale encore; la suppression de la religion d'État a jeté bas le principal obstacle qui se dres-

sait devant l'apostolat chrétien et les missionnaires pourront dorénavant — tout au moins
jusqu'à la prochaine réaction — s'adresser à toutes
les classes de la société chinoise, quelque élevées
qu'elles soient.

LES
ORIGINES DE LA CARICATURE
DANS L'ANTIQUITÉ,

PAR

M. E. POTTIER.

Un assez grand nombre d'auteurs ont déjà retracé l'histoire de la caricature et se sont occupés d'en retrouver les premiers essais dans l'antiquité. Le livre de Champfleury en France est classique; en Angleterre celui de Wright; en Allemagne celui de Flögel, sans compter les nombreuses études de détail qui ont paru sur le sujet, entre autres un chapitre de Chassang dans son ouvrage sur le *Spiritualisme et l'Idéal dans l'art et la poésie des Grecs*, et un article de M. Georges Perrot dans les *Monuments publiés par l'Association des Études grecques* (1876). C'est à ce dernier que l'on doit le jugement le plus exact

sur le rôle de l'art grec dans la création de la caricature. Contrairement à Chassang qui jugeait ce
réalisme comique incompatible avec les grandes
créations du v° siècle, il a montré que les peintures
de vases grecs fournissent des documents sûrs
qui démentent cette opinion. Après lui, en
1887, nous avons apporté, mon ami M. Salomon
Reinach et moi, de nouvelles preuves à l'appui de la
même idée, avec les figurines en terre cuite de la
Nécropole de Myrina et j'y ai résumé dans une brève
notice l'état de la question (p. 476). Depuis, les
témoignages n'ont pas cessé de se multiplier et c'est
ce qui m'engage à reprendre ici l'examen du sujet.
Ce n'est pas seulement la Grèce, avant Rome, qui
doit entrer en ligne de compte, mais aussi l'Orient,
parce qu'il a, non pas créé la caricature, mais fourni
aux Grecs les matériaux avec lesquels ils ont construit peu à peu les différentes formes de la caricature.
Voilà la partie plus nouvelle du problème que je
voudrais examiner. On me permettra de laisser de
côté les éléments anciens et déjà connus, la caricature à Rome, les peintures de Pompéi et les graffites,
qui ont été bien souvent signalés et que l'on trouvera dans les livres cités. Je m'attacherai à ce qui
concerne les origines de la caricature, issue des figurines orientales, et au développement de cet art parti-

culier en Grèce même, depuis l'époque archaïque jusqu'au temps des successeurs d'Alexandre.

I

Aristote a dit, avant Rabelais, que le rire était le propre de l'homme (III, p. 269, Didot).

Mais il y a beaucoup de rires différents : le rire gai, le rire cruel, le rire satirique, le rire attendri. Toutes sortes d'idées de méchanceté, de vengeance, de haine, ou au contraire de bonne humeur, d'affection, peuvent se mêler au rire. Dans Homère, il y a le rire inextinguible, ἄσϐεσ7os γέλως, le rire des Dieux, s'épanouissant dans l'Olympe (*Iliade*, I, 599). Dans Hésiode il y a la gaieté sardonique du vieil homme qui n'aime pas les femmes et qui dit du mal d'elles avec bonheur. Dans Archiloque il y avait, dit-on, la satire meurtrière qui cause des ruines et des morts, puisqu'on prétendait que Lycambès et sa fille Néobulè, victimes des sarcasmes du poète, s'étaient pendus de désespoir. On en disait autant des sculpteurs du vi[e] siècle Athénis et Boupalos, qui se seraient tués pour échapper aux traits empoisonnés du poète Hipponax ; la haine du satiriste venait de ce que les deux artistes l'avaient représenté par dérision, tel qu'il était, extraordinairement laid de visage, et cette anecdote serait précieuse pour notre sujet si nous n'avions des raisons de croire qu'elle est purement légendaire, car, nous le verrons, la caricature proprement dite n'existait pas alors. Gardons seulement de ces textes et de ces historiettes la conclusion que chez les anciens le rire passe très justement pour une force, même une force redoutable, qui peut devenir agressive et nuisible. C'est une expansion nerveuse de la force vitale ; elle se traduit par des effets bienfaisants ou malfaisants ; elle n'est pas indifférente ; quand elle entre en contact avec ceux qui l'entourent, elle agit sur eux par une sorte de fluide communicatif. Les anciens y ont vu une action qui peut même s'exercer comme par une impulsion fatale et en dehors de la volonté de l'homme d'où elle émane. M. Salomon Reinach a publié une fort intéressante étude sur le rire sardonique[1], envisagé comme acte rituel dans des cérémonies religieuses. Dans les Lupercales de Rome un prêtre, après avoir sacrifié des chèvres, touchait avec son couteau ensanglanté le front de deux jeunes assistants qui devaient éclater de rire. On suppose que la cérémonie comportait le simulacre du sacrifice des jeunes gens eux-

______

[1] *Cultes, Mythes et Religions*, IV, p. 109.

mêmes et, comme ils renaissaient à une vie meilleure, ils saluaient cette espèce d'aurore d'une existence nouvelle en manifestant leur joie ; suivant d'autres, ils riaient comme rient les personnes qui viennent d'échapper à un grand danger, à une menace de mort. Le rire sardonique se disait spécialement de victimes condamnées qui riaient nerveusement, au lieu de pleurer. Les femmes thraces mouraient en riant sur la tombe de leur époux. Les Phéniciens riaient quand on immolait leurs enfants aux dieux nationaux. Le rire ne s'accompagne donc pas toujours d'une vraie gaieté. M. Reinach cite aussi l'exemple remarquable de Jeanne d'Arc qui riait en prononçant l'abjuration à laquelle elle se soumit d'abord. Il cite encore le fait plus récent des mineurs de Courrières, des « rescapés » de 1906, dont l'un revenu à la lumière se mit à rire, d'un rire effrayant et lugubre.

Un des plus illustres philosophes de notre temps, M. Bergson, a écrit sur *le Rire* un livre qui est rempli de pensées suggestives et fines, mais il me semble qu'il n'a pas étudié la question physiologique du rire lui-même, cette espèce de détraquement et d'explosion soudaine et bruyante, dont la bizarrerie avait frappé les anciens comme une sorte de manifestation violente de l'être intime qui ne peut plus se contenir et laisse échapper presque involontairement sa pensée. Il y a une sorte de folie dans le rire et nous appelons « fou rire », celui qu'on ne peut réprimer. Dans ce livre, qu'on devrait appeler plutôt « Étude sur le comique », l'auteur a démonté d'une main adroite le mécanisme compliqué des causes qui amènent le rire et il les a ramenées à quelques lois simples : il y voit surtout un « mécanisme », une sorte de raideur et d'automatisme, qui se greffant sur la vie mobile et variée introduit des contrastes et des attitudes risibles. Tout ce qui assimile l'homme au pantin, à la mécanique, où tout se répète systématiquement, nous fait rire. Les gestes des acteurs, les ridicules des habitudes professionnelles, les « scies » ou la répétition de scènes et de situations semblables dans les comédies font rire par l'effet du « mécanique plaqué sur du vivant » (p. 5o).

L'auteur y ajoute une idée qui intéresse notre sujet. Le rire est un geste social. C'est une punition infligée par la société à toute chose ou tout être qui enfreint l'ordre établi par elle. Le ridicule châtie; on dit même que le ridicule tue. Le rire est donc une arme et, à l'occasion, une arme terrible. L'auteur n'y insiste qu'à la fin de son livre et on aurait aimé à le voir développer cette idée qui nous paraît féconde. Le rire ne peut pas être, dit-il, absolument juste; il ne doit pas non plus être bon. Il a pour fonction d'intimider en humiliant (p. 202). Celui qui rit se sent supérieur à celui dont il rit et il affirme orgueilleusement cette supériorité. Intimider, effrayer, châtier, voilà bien ce que nous découvrons aussi dans les origines de la caricature artistique.

Les anciens ont donc noté, d'abord et avant tout, cette nature mystérieuse et violente du rire et ils lui ont attribué une force magique. Le rire a une puissance offensive et défensive. En première ligne ils n'ont pas mis cette gaieté inoffensive qui, pour nous modernes, est le propre du rire, cette sorte d'épanouissement et de dilatation physique qui exprime le bien-être dans la vie et le contentement de soi, quand on dit « se désopiler la rate », ou « c'est désopilant ». Non, ils ont mis le rictus, le rire forcé, la grimace convulsive et nerveuse qui détraque les traits du visage et en fait un masque plus ou moins effrayant. Les premières figures qui rient en retroussant les lèvres et en découvrant les dents sont dans l'art antique des figures grimaçantes, faites pour terrifier, non pour égayer, et c'est lentement, par un processus que nous suivons dans l'histoire, que de cette grimace sortira le vrai rire, le rire non plus nerveux, mais épanoui, et avec lui la caricature, la déformation volontairement comique et spirituelle des traits du visage et du corps lui-même.

C'est cette histoire que nous essayerons de retracer avec des images.

Ce qui a influencé les Grecs dans leur création du rire, c'est l'Orient, comme dans beaucoup d'autres domaines de l'art. Il n'y a pas de figures qui rient joyeusement dans l'art oriental antique et les figures qui sourient sont rares. Mais il y a beaucoup de figures qui grimacent et qui ricanent. Le rictus effrayant et formidable de la bête fauve qui ouvre la mâchoire et montre les dents, comme pour broyer d'avance sa victime, a été transposé aux monstres, aux génies malfaisants qui dans l'antiquité orientale jouent le rôle du diable de la légende chrétienne. Le dieu de la fièvre et du mal de tête, qui préside dans les pays marécageux de la Mésopotamie aux grandes épidémies, est invoqué et adoré sous les espèces d'un démon, moitié humain moitié animal, aux pieds et aux mains armés de griffes, la bouche largement ouverte dans une grimace menaçante. C'est de ces modèles chaldéens et assyriens que les Grecs du VIIe et du VIe siècle, les Ioniens, les Corinthiens, tous ceux qui fréquentaient par voies de terre et de mer les régions orientales, ont tiré leur répertoire de types effrayants, les Gorgones, les

Harpyes, qui sont venus décorer les armures des
guerriers, comme pour ajouter à la terreur que
l'ennemi devait ressentir dans le combat. Homère
place au centre du bouclier d'Agamemon une tête
de Méduse accompagnée de Phobos et de Deimos, la
Terreur et la Crainte. Sur les vases peints les emblèmes fréquents des armures sont des Gorgoneions,
des têtes de Satyres la bouche ouverte, qui peu à peu
deviennent des figures hilares et plutôt comiques.
N'avons-nous pas nous-mêmes gardé l'habitude
ancestrale de placer au-dessus des portes des maisons, ou en corniches sous les parapets des ponts,
des masques grimaçants, souvent grotesques? C'est
le préservatif, le « prophylactique », le symbole défen-
sif usité depuis plus de 4000 ans. Par la grimace,
par le rictus on fait peur à tout ce qui veut passer
la porte avec de mauvaises intentions. On chasse
l'ennemi, on chasse le démon, on chasse le fantôme.
Car, dans notre pauvre cerveau, il y a toujours
place pour quelque souvenir lointain et enraciné
d'une très vieille superstition, même à notre insu.

D'Égypte est venue une autre formule. Elle correspond bien à la nature plus douce, plus hospitalière
de la civilisation dans la vallée du Nil. D'abord les
Égyptiens sont les créateurs de la caricature entendue
dans un sens particulier, qui est la caricature allégo-

rique. On cite souvent le papyrus de Turin[1] qui nous montre la cour du Pharaon sous la forme ironique d'une assemblée d'animaux, où l'âne gravement assis reçoit les hommages d'un chat. Sur un ostracon du Musée de New-York est dessinée une chatte parée, en grande toilette, assise sur un fauteuil, à qui un pauvre matou apporte à manger, la queue entre les jambes : c'est la grande dame avec son domestique[2]. Sur un papyrus du Musée Britannique[3] un lion fait une partie de dames avec une craintive antilope; il ne doit pas avoir de peine à gagner la partie. C'est de l'apologue, c'est le fabliau, tel qu'il a passé chez les Grecs avec Ésope, chez les Romains avec Phèdre, chez nous avec les conteurs du moyen age, La Fontaine et Florian. Ce n'est pas la caricature proprement dite, la caricature plastique, déformation satirique des traits de l'homme. On saisirait plutôt en Égypte un essai de caricature involontaire dans l'image des prisonniers liés, ligottés, les traits convulsés, qui sont peints sur des sandales royales et qui expriment le mépris de l'ennemi foulé à chaque pas du prince[4]. Mais voici

[1] Perrot, I, *Hist. de l'Art*, p. 8o3.
[2] Maspero, *Arch. Egypt.*, p. 165.
[3] Perrot, I, p. 8o5.
[4] Perrot, I, p. 8o3.

ce que l'Égypte a transmis à la Grèce de plus important dans l'histoire que nous retraçons : le dieu Bès, qui a contribué à former le type du Silène et du Satyre et d'où sortiront les premières caricatures des Grecs. Bès, le dieu Bisou, est le type de l'amulette grimaçante qui devient un porte-bonheur, un protecteur contre les mauvaises influences. Sa grimace est joviale, et non terrifiante comme celle des démons babyloniens ; de toute sa personne se dégage une expression comique ; c'est un nain au corps trapu et court, planté sur des jambes arquées et écartées, avec une tête simiesque enfoncée dans les épaules et coiffée d'une haute couronne de plumes[1]. Même quand il est armé, quand il redresse sa petite taille, brandissant une épée et se couvrant d'un bouclier, il a l'air d'un avorton qui fait le matamore ; on ne peut pas le prendre au sérieux. S'il est si recherché comme protecteur, c'est qu'il égaie et amuse, tout en chassant le démon par sa grimace. Il introduit dans l'art une note nouvelle : la drôlerie admise par la religion comme force protectrice, et on peut lui comparer les innombrables figures grimaçantes et même indécentes qui foisonnent dans les sculp-

[1] Sur les caractères physiologiques du nain Bès, le docteur F. Regnault a fait quelques observations dans les *Archives générales de médecine*, févreir 1902, p. 248.

tures des cathédrales gothiques de notre moyen âge.

Voilà l'héritage en partie double que vont recevoir les Grecs du viie et du vi[e] siècle, quand commence à se former ce répertoire immense de types que nous appelons l'art gréco-oriental, créé dans les grandes villes grecques d'Asie Mineure, à Milet, à Phocée, à Éphèse, à Clazomène, puis dans les îles, à Samos et à Rhodes, enfin dans les cités de la Grèce continentale, Corinthe, Chalcis, Argos, Athènes. D'un côté, les images terrifiantes et violentes de l'Asie; de l'autre, une figure joviale qui aura pour descendance les Pygmées, les Satyres et les Silènes, compagnons de Bacchus[1], qui se développera avec le drame satyrique, la comédie et qui aboutira aux bouffons d'Aristophane. Et comme la Grèce du ve siècle idéalise tout ce qu'elle touche, la grimace terrible et dramatique trouvera son expression suprême dans la figure de la Gorgone placée sur l'égide d'Athéné, sur la poitrine même de la déesse nationale[2]; la grimace joviale réalisera une

[1] Sur la liaison entre Bès et le Silène grec, voir l'article de M. Heuzey dans *Bull. corr. hell.*, VIII, 1884, p. 161. Sur les rapports de Bès avec la Gorgone, voir Frothingham dans *American Journal of Archæology*, 1911, p. 368.

[2] Pour l'étude du type de la Gorgone, voir la dissertation de

autre création décorative d'un effet artistique puissant, le masque de Silène, le satyre hilare, puis le masque d'acteur comique. Mais l'une ou l'autre formule auront toujours pour point de départ le rictus, cette contorsion particulière des traits du visage et surtout de la bouche, qui est d'origine orientale. La caricature n'est pas encore conçue comme une déformation totale du corps et du visage, telle que nous la comprenons aujourd'hui. Ce sera l'œuvre d'une autre époque, d'une autre Grèce, celle du ɪvᵉ siècle et des successeurs d'Alexandre.

PROJECTIONS.

1. Lion rugissant. Nimroud. — Musée Britannique. Époque d'Assournazirpal (885 à 860 av. J.-C.). — *A Guide Brit. Museum, Assyrian Antiquities*, 1908, pl. 1, p. 4; Perrot, *Hist. de l'Art.*, II, pl. 8.
2. Dieu assyrien ailé luttant contre un monstre. — Musée Britannique. — Maspero, *Hist. des peuples de l'Orient classique*, I, p. 541 = notre fig. 1.
3. Deux Génies du mal se menaçant. — Musée Britannique. — Perrot, II, *Hist. de l'Art*, fig. 6.
4. Le dieu Pazouzou, démon de la maladie et de la fièvre. — Louvre. — Maspero, I, p. 633 = notre fig. 3.
5. Le dieu Pazouzou tenant la tablette de la Mort et des Enfers. — Collection de Clercq. — Maspero, I, p. 690.
6. Harpye grecque enlevant deux jeunes garçons. — Hydrie.

J. Six, *De Gorgone*, Amsterdam, 1885; il a envisagé aussi les rapports avec le Bès égyptien.

Musée de Berlin. — *Jahrbuch arch. Institut*, 1886, p. 211.
= notre fig. 4.

7. Gorgone tenant deux oiseaux par le col. — Plat rhodien.
Musée Britannique. — *Journal hell. Studies* (Atlas), pl. 59.

8. Persée coupant le cou de la Gorgone. — OEnochoé. Musée
Britannique. — *Wiener Vorlegeblätter*, 1889, pl. 4.

9. Dieu Bès. — Figurine en terre cuite émaillée. Louvre, Salle
orientale. — D'après l'original, Heuzey, *Catalog. Phénicie*
n° 197.

10. Dieu Bès armé. — Terre cuite du Louvre. — D'après l'original, Heuzey, *ibid*, n° 198.

11. Silène ionien. — Sarcophage de Clazomène (Asie Mineure).
Musée Britannique. — *Journal hell. Studies*, 1883, p. 21,
fig. 15 = notre fig. 2.

12. Coupe à tête de Silène en relief. — Louvre, salle H. —
D'après l'original.

13. Vase en forme de tête de Silène riant. — Louvre, salle L. —
D'après l'original.

14. Deux hommes dansant près d'un cratère. — Coupe cyré-
néenne, Bibliothèque Nationale de Paris. — *Arch. Zeitung*,
1881, pl. 13 = notre fig. 5.

15. Danse d'éphèbes nus. — Dînos ionien du Louvre, salle E. —
Bulletin de Correspondance hellénique, 1893, p. 427, fig. 2.

16. Hercule tuant Busiris et les Égyptiens. — Hydrie du
Musée de Vienne. — Furtwaengler-Reichhold, *Griech. Vasen-
malerei*, I, pl. 51.

17. Vase en forme de tête de nègre. — Musée d'Athènes. —
Éphéméris Archéologique, 1894, pl. 6.

18. Niké et Hercule grotesques sur un char. — OEnochoé, Louvre, salle M. — Perrot, dans *Monuments publiés par Assoc.
Étud. grecq.*, 1876, pl. 3 = notre fig. 6.

19. Coupe d'Euphronios. Vieillard galant près d'une joueuse de
lyre. — Musée Britannique. — Furtwaengler-Reichhold, I,
pl. 23.

II

Une des grandes surprises de l'historien, c'est de voir avec quelle rapidité l'art grec a évolué. L'art grec, en somme, a duré trois siècles : le siècle de Pisistrate, le siècle de Périclès, le siècle d'Alexandre. C'est la durée de temps qui nous sépare de Corneille et de Louis XIII. Dans ce court intervalle la Grèce a tout essayé, tout créé. Elle a été archaïque, classique, romantique. Elle a été idéaliste et réaliste. Elle a franchi toutes les étapes que nous avons mis, depuis les Carolingiens, environ dix ou douze siècles à parcourir. Dans le domaine très restreint que nous explorons, la rapidité des progrès, la facilité des changements n'est pas moins remarquable. Moins de deux siècles ont suffi pour nous conduire des brutales et hideuses apparitions des types empruntés à l'Orient jusqu'aux fines et psychologiques satires d'un Euphronios. De même, en moins d'un siècle après Phidias nous serons amenés à une rénovation complète de l'esthétique. Avec Scopas, Praxitèle, Lysippe, nous assistons au triomphe du pathétique, de l'expression des passions, à la naissance du portrait, à l'étude de la vieillesse et même de la maladie et de la mort. Le bel idéal de sérénité et d'impassibilité, la haute conception d'une humanité supérieure, voisinant avec les dieux de l'Olympe, ont disparu. Le peintre Pauson, au dire d'Aristote, faisait les hommes plus laids qu'ils ne sont. Le sculpteur Lysippe, au dire de Pline, se vantait de prendre ses modèles dans la foule. Son frère Lysistrate employait le moulage sur le vif, afin d'être plus exact et plus expressif. On comprend qu'avec de tels maîtres et sous leur influence l'étude des laideurs, des tares physiques, des difformités naturelles ou maladives ait pris un développement très rapide et que, par suite, la caricature proprement dite se soit donné carrière avec une liberté qu'elle n'avait point encore connue.

Notons aussi que cet art amoureux de l'effet expressif a sur le théâtre une action considérable et y introduit de notables changements. C'est l'époque où sont créés ces masques de théâtre, devenus classiques pour nous, aux traits si exagérés, aux bouches énormes, aux yeux ronds et démesurément ouverts. M. Paul Girard a fort bien montré dans son *Étude sur les Masques d'Eschyle* [1] que le masque théâtral du ve siècle devait avoir une physionomie beaucoup plus calme et plus tranquille, et cette opinion est confirmée par une peinture de vase représentant les

[1] Extrait de la *Revue des études grecques*, 1894-1895.

apprêts d'un drame satirique. Au iv° siècle on a
voulu tendre davantage les ressorts dramatiques, on
a augmenté la puissance expressive de la physionomie et l'on aboutit à une déformation totale des
traits du visage, soit pour rendre la terreur tragique
soit pour rendre l'hilarité comique. La littérature
de théâtre, à son tour, accentua dans le genre
comique le caractère bouffon des costumes et des
figures. L'innovation vint d'Italie, de la Grande
Grèce. « L'Italie méridionale, dit M. Alfred Croiset,
était un pays d'imagination vive et gaie, de mimique
expressive, de lazzi toujours jaillissants, la patrie
authentique de Polichinelle. Sous une foule de noms
divers on y cultivait la comédie vraiment populaire,
improvisée et bon enfant, pleine de gausseries
joyeuses, de gestes plaisants et plastiques. »[1]. Ce
sont les *Phlyakes* qu'un auteur du iii° siècle, Rhin-
ton, fils de potier, dit-on, développa et coordonna
en véritables pièces écrites. C'était de la farce de
tréteaux où l'on parodiait les dieux et les héros ; et les
costumes étaient à l'avenant ; on leur donnait l'apparence la plus bouffonne. Les masques y prenaient
l'aspect le plus hilare et le plus grotesque qu'on
pût imaginer. C'était de la caricature en action.

---

[1] *Histoire de la Littérature grecque*, V, p. 172.

Les peintres de vases y trouvèrent une abondante
provision de sujets.

Mais, vers le même temps, en Sicile, prospérait
un autre genre de littérature qui eut sur l'essor de
la caricature plastique une influence plus décisive
encore. Dès la fin du ve siècle un contemporain
d'Euripide, Sophron, avait créé le *mime*, petite
pièce différente de ce que nous appelons la *panto-
mime*, parce qu'on y parlait et qu'on ne s'y expri-
mait pas seulement par gestes, mais où la mimique
des gestes et du visage avaient une place très
importante. Les acteurs jouaient sans masques; la
scène était petite; on pouvait suivre de près les jeux
de physionomie. C'était comme la « comédie de
salon » de notre temps à côté de nos comédies de
théâtre. Il n'y avait guère d'action proprement dite;
c'était un dialogue à deux ou trois personnages. Une
visite, une rencontre, un épisode de la rue ou du
gynécée, servaient de prétexte à ces petites scènes
où les mœurs populaires étaient saisies sur le vif.
Les titres des pièces de Sophron nous renseignent
un peu sur les sujets : le pêcheur de thons, le
pêcheur et le paysan, les ravaudeuses, les sorcières,
les femmes à table. On pense que les *Syracusaines*
de Théocrite sont un des meilleurs spécimens de ce
genre. Mais nous sommes très bien renseignés par

une découverte qui date seulement de 1891 et qui nous a fourni d'un coup huit mimes assez bien conservés sur un rouleau de papyrus égyptien acquis par le Musée Britannique. Les *mimes* d'Hérondas sont aujourd'hui bien connus de tous les lettrés[1]. Ils ont été traduits en français par M. Dalmeyda (Hachette, 1893) avec une *Introduction* qui résume nos connaissances sur ce chapitre de la littérature antique. Ce sont des scénettes que l'on peut comparer aux *Dialogues* d'Henri Monnier. Hérondas, qui paraît être contemporain de Théocrite et avoir vécu sous Ptolémée Philadelphe, met en scène une femme méchante aux prises avec ses esclaves, une mère en visite chez le maître d'école de son fils, un bavardage entre deux amies, des clientes venant choisir des chaussures chez le cordonnier, etc. Le tout est agrémenté de plaisanteries, de drôleries, de réflexions piquantes, et la sauce du dialogue en est souvent fort pimentée. Mais c'est une étude tout à fait réaliste et pénétrante de la bourgeoisie grecque du IIIe siècle, avec ses tares physiques et morales, ses mœurs dissolues, sa frivolité, sa gaieté spirituelle et caustique. On peut imaginer que ces rôles, tous joués par des hommes, prêtaient aux déguisements

---

[1] Alfred Croiset, *Histoire de la Littérature grecque*, V, p. 175.

burlesques, aux grimaces, aux clignements d'yeux, aux lazzis lancés d'une voix mordante. Ce sont nos petits théâtres du boulevard transportés à Syracuse, à Tarente, à Alexandrie.

Il est fort intéressant de constater que ce genre littéraire a développé dans l'art plastique de l'époque toute une série de figures comiques, qui sont comme l'illustration des mimes. On a rapproché tout de suite des piécettes d'Hérondas de nombreuses terres cuites d'Asie Mineure qui ont l'air d'acteurs comiques jouant sans masques, reproduisant des types d'esclaves, de bourgeois, de marchands, sous une forme caricaturale. Nous voilà arrivés à notre but. L'artiste a rejeté les postiches, les masques, tout ce qui cachait la structure véritable du visage et du corps ; il l'étudie en elle-même et il en marque d'un trait implacable les vulgarités et les déformations amusantes.

Une fois lancé dans cette voie, l'art caricatural n'a plus connu d'entraves. Tout lui est bon pour faire rire. Les malades, les rachitiques, les bossus, les estropiés viennent défiler devant lui et les pires misères physiologiques lui livrent leurs secrets. Un ami du Louvre, M. Paul Gaudin, a fait don d'une importante série de têtes et de fragments de terres cuites trouvés à Smyrne, qu'un médecin, le docteur Félix Regnault, a pu prendre pour matières d'études pathologiques fort intéressantes; il a retrouvé dans ces minuscules maquettes les traces de maladies cataloguées et classées, comme la lèpre, le lupus, la scrofule, l'idiotie, la paralysie, l'hystérie, les déformations crâniennes, le mal de Pott, etc. C'est une cour des Miracles qui s'échappe du sol antique et qui fait revivre en traits maintenant ineffaçables tout ce pauvre monde d'autrefois, les miséreux, les dépenaillés, toute la loque humaine que l'on pouvait croire morte et oubliée à jamais, et qui prend place hardiment à côté des chefs-d'œuvre classiques, pour montrer que l'art grec a tout connu, tout osé, tout enfanté, tant il aimait la vie sous toutes ses formes!

A côté des modeleurs de figurines il y a eu des bronziers qui, dans une sphère plus élevée, fournissaient aussi à leur clientèle des statuettes caricaturales que l'on plaçait dans les appartements. On en a recueilli un assez grand nombre et récemment un des meilleurs archéologues de notre jeune école française, M. Perdrizet, consacrait un beau volume à la publication d'une collection particulière d'Alexandrie qui contient d'admirables exemplaires de cet art réaliste et comique [1].

[1] *Bronzes grecs d'Égypte de la Collection Fouquet*, 1911, dans la *Bibliothèque d'art et d'archéologie.*

Il n'est peut-être pas sans intérêt de rapprocher de ces caricatures plastiques quelques épigrammes de l'*Anthologie* qui montrent dans la littérature de la même époque un égal souci de la satire comique visant la déformation des traits du visage, et en particulier du nez. C'est comme un commentaire expressif de plusieurs de nos terres cuites d'Asie Mineure [1].

Antholog. Palatine (édit. Dubner-Didot, 1872), II, chap. XI, n° 203. ANONYME. — Le nez de Castor est une pioche de terrassier, une trompette quand il ronfle, une serpette pour vendanger, une ancre de vaisseau, un soc de charrue, un hameçon pour la pêche, une fourchette de table, un marteau de porte cochère. Vraiment les dieux ont bien fait les choses pour Castor et lui ont donné avec son nez un instrument fort commode.

Ibid. n° 268. ANONYME. — Proclos ne peut pas se moucher avec ses doigts; il a, en effet, le nez plus long que son bras, et quand il éternue, il ne peut pas dire « Jupiter me bénisse! » car son nez est si loin de son oreille qu'il ne s'entend pas éternuer.

Ibid. n° 406. NICARQUE. — Je vois le nez de Nicon. Lui-même ne doit pas être bien loin; si nous montions sur une colline, je crois que nous verrions Nicon en personne.

[1] Voir, par exemple, E. POTTIER, *Diphilos*, pl. XIX, n° 437.

On pourrait croire que ces figurines comiques ont perdu tout rapport avec leurs ancêtres des temps primitifs, qu'elles n'ont plus aucun lien avec les figures grimaçantes des premières périodes. Il n'en est rien. L'histoire de la caricature antique offre une unité remarquable dans la diversité de ses formes. Le grotesque amusant de l'époque hellénistique est bien le petit-fils du démon oriental au rictus effrayant, et la preuve en est que ces figurines drolatiques étaient placées dans les tombeaux des morts ou dans les demeures des vivants, comme des prophylactiques. Ce ne sont pas seulement des caricatures, des drôleries, au sens où nous l'entendons. Ce sont surtout des amulettes, et les maladies mêmes que ces terres cuites reproduisent avec fidélité sont en quelque sorte conjurées et repoussées par l'image d'elles-mêmes qu'on leur présente. Dans le tombeau elles ont pour effet, comme les anciens masques de Gorgones et de Silènes, non pas d'amuser le défunt dans le silence et la nuit de sa dernière demeure, comme on l'a prétendu, mais de continuer la tradition séculaire des emblèmes prophylactiques et, par la grimace, par la contorsion, par la laideur, d'éloigner du mort tout ce qui pourrait troubler sa paix suprême et sa jouissance de la vie d'outre-tombe.

Enfin, le dernier terme de l'évolution est atteint par des œuvres qui, à la façon des modernes, cherchent l'effet burlesque dans le contraste entre une grosse tête et un petit corps. Certaines peintures de vases, dès le IVe siècle, offrent cette combinaison, mais elles sont rares. C'est surtout la période hellénistique qui l'a mise en faveur. Sous forme de statuettes, nous en possédons aujourd'hui de très beaux exemplaires en bronze, grâce aux découvertes sous-marines de Mahdia, sur la côte de Tunisie, dues à la patiente persévérance de M. Merlin [1].

Après eux il faut tirer l'échelle. La gamme entière des combinaisons caricaturales a été parcourue. L'art moderne lui-même ne lui ajoutera plus rien, que l'observation aiguë d'un Daumier, d'un Gavarni, la souplesse de trait étonnante et les légendes cruelles d'un Forain. On ne peut même pas dire que les anciens aient ignoré la caricature politique et religieuse, puisque l'on connaît un bronze romain qui ridiculise Caracalla sous les traits d'un marchand de pommes, et un graffite du Palatin qui représente le dieu du chrétien Alexaménos sous les traits d'un homme crucifié à tête d'âne.

---

[1] *Monuments et Mémoires de la Fondation Piot*, t. XVIII, 1911, pl. 2 et 3.

PROJECTIONS.

1. Détail du Cratère de Naples, n° 3240. Apprêts d'un drame satyrique. — Hercule et deux personnages avec leurs masques. — *Monumenti Instituto*, III, pl. 31.

2. Acteur tragique. — Statuette d'ivoire peint. Collection Dutuit, au Petit Palais. — *Monumenti Inst.*, XI, pl. 13.

3. Trois acteurs comiques. — Terres cuites de Chypre. Louvre, salle A. — D'après les originaux.

4. Trois acteurs attiques. — Terres cuites du Louvre, salle L. — D'après les originaux.

5. Grotesque d'Italie (Polichinelle). — Terre cuite du Louvre, salle B, n° 607 ; E. POTTIER, *Diphilos*, pl. XXIV, n° 607. — D'après l'original.

6. Acteur sur un cratère de Paestum. — Musée de Naples, n° 1782. — *Jahrbuch arch. Inst.*, 1886, p. 271 = notre fig. 7.

7. Scène de Phlyaques. Hercule chez Apollon à Delphes. — Cratère du Musée de Saint-Pétersbourg, n° 1777. — RAYET-COLLIGNON, *Céramique grecque*, fig. 118 = notre fig. 8.

8. Trois grotesques de Myrina. Un bourgeois et deux esclaves. — Louvre, salle B ; POTTIER et REINACH, *Nécropole de Myrina*, pl. XLVII. — D'après les originaux.

9. Deux têtes grotesques et une de femme. Trois terres cuites de Smyrne. — Louvre, salle M. — D'après les originaux.

10. Un bossu et un hystérique. Deux terres cuites de Smyrne. — Louvre, salle M ; E. POTTIER, *Diphilos*, pl. XVIII, n°ˢ 435-436. — D'après les originaux.

11. Masque d'homme tatoué et balafré. Carthage. — Louvre, salle orientale. — D'après l'original = notre fig. 9.

12. Peinture de vase. Homme assis, à grosse tête sur petit corps. — Coupe du Musée du Vatican. — *Museo Gregoriano*, II, pl. 84 = notre fig. 10.

13. Bronze de Mahdia. Danseuse avec crotales. — Musée de Tunis. — *Monuments et Mémoires de la Fondation Piot*, XVIII, pl. 3 = notre fig. 11.

14. Bronze de Mahdia. Danseuse avec crotales, la tête renversée, levant la jambe. — Musée de Tunis. — *Mon. Piot*, XVIII, pl. 2 = notre fig. 12.

15. Tête en marbre. Faune riant. — Musée du Vatican. — D'après une photographie.

16. Caracalla en marchand de pommes. Bronze du Musée d'Avignon. — Duruy, *Hist. des Romains*, VI, p. 255.

17. Le chrétien Alexaménos adore son dieu crucifié à tête d'âne. Graffite du Palatin, au Musée Kircher, Rome. — Duruy, *ibid.*, p. 268.

III

Cette rapide revue d'ensemble n'a pas eu la prétention d'épuiser un sujet où de très nombreux documents restent à rassembler et à étudier; les fouilles et les découvertes ultérieures nous en feront connaître d'autres encore. Il m'aura suffi aujourd'hui d'ajouter à l'histoire souvent faite de la caricature antique quelques idées qui étaient dignes, je crois, de retenir votre attention.

1° L'Orient a été la source première où les Grecs sont venus puiser l'idée de la caricature. Ils ont utilisé les figures grimaçantes et effrayantes, si nombreuses dans l'art oriental, pour en faire d'abord des masques hideux et terrifiants, puis des visages hilares et comiques.

2° C'est la Grèce qui, avec son esprit de liberté et de réalisme, si éloigné des conventions solennelles dans lesquelles on a prétendu si long-temps l'enfermer, a réalisé, la première, la vraie caricature, satire ironique et gaie des tares physiologiques et intellectuelles de l'humanité.

3° Ce qui domine toute cette histoire, ce qui lui donne son unité et son caractère homogène durant tant de siècles, c'est un élément qui n'existe pas dans la caricature moderne, c'est une pensée religieuse et superstitieuse qui fait du rire une force vitale, une expansion nerveuse qui agit sur l'entourage, qui donne une certaine puissance active à celui qui rit. La grimace, conséquence du rictus et du rire, est un moyen de protection et d'attaque, une arme de caractère magique, qui éloigne les mauvaises influences et qui, par conséquent, protège celui qui la porte avec lui, comme Minerve porte le Gorgoneion au centre de l'égide.

4° Mais les Grecs, avec leur sens avisé et leur goût artistique, ont de bonne heure modifié et purifié les idées primitives de terreur et de haine. Ils ont enlevé à cette force méchante son venin pour en faire une ironie plus douce et plus humaine. Ils ont mis de l'esprit et de la gaieté à la place de la haine et de la cruauté. Archiloque est remplacé par Aristophane; à la Gorgone succèdent les ancêtres de Polichinelle.

Fig. 1.

Dieu assyrien luttant contre un monstre.

Fig. 2. — Silène ionien.   *Fig. 3. — Le dieu Pazouzou.*

Fig. 4. — Harpye enlevant deux jeunes garçons.

Fig. 5. — Danse bachique.

Fig. 6. — Caricature d'Hercule conduit en char par la Victoire.

Fig. 7. — Acteur grec.

Fig. 8. — Scène de comédie grecque.

Fig. 9. — Masque punique.

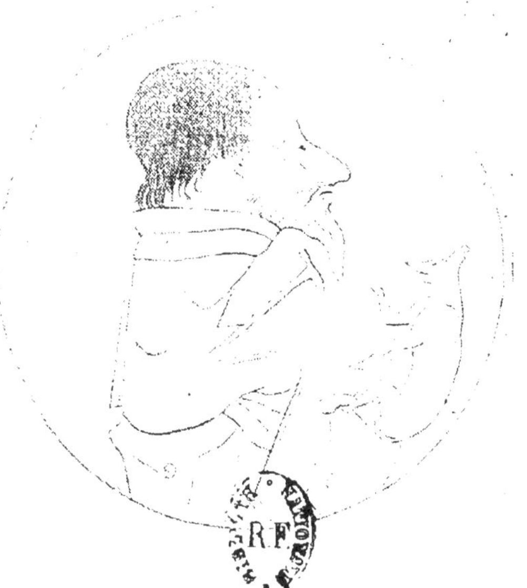

Fig. 10. — Caricature grecque.

Fig. 11.

Caricature de Ménade.

Fig. 12.

Caricature de danseuse.

TABLE

DES MATIÈRES ET DES PLANCHES

DU TOME XLI.

(1) Les planches sont groupées à la fin de chaque conférence.

www.ingramcontent.com/pod-product-compliance
Ingram Content Group UK Ltd.
Pitfield, Milton Keynes, MK11 3LW, UK
UKHW022158120726
13694UKWH00002B/346